U0576934

好老师与你 一路同行

新东方在线／编著

群言出版社
QUNYAN PRESS

图书在版编目(CIP)数据

好老师与你一路同行 / 新东方在线编著. -- 北京：
群言出版社, 2020.12
　　ISBN 978-7-5193-0619-9

　　Ⅰ.①好… Ⅱ.①新… Ⅲ.①中小学生 – 学习方法②
中小学生 – 家庭教育 Ⅳ.①G632.46②G782

中国版本图书馆CIP数据核字（2020）第229717号

责任编辑：孙平平
特约编辑：田中原　高　敏
封面设计：路丽佳
版式设计：李　倩
图片供稿：新东方在线

出版发行：群言出版社
地　　址：北京市东城区东厂胡同北巷1号（100006）
网　　址：www.qypublish.com（官网书城）
电子信箱：dywh@xdf.cn　qunyancbs@126.com
联系电话：010-62418641　65267783　65263836
经　　销：全国新华书店

印　　刷：山东润声印务有限公司
版　　次：2020年12月第1版　2020年12月第1次印刷
开　　本：880mm×1230mm　1/32
印　　张：9.25
字　　数：207千字
书　　号：ISBN 978-7-5193-0619-9
定　　价：39.00元

好的教育彼此成就

各位亲爱的家长、同学:

大家好!

21世纪已经走过了20年,这20年岁月见证了城市化、信息化、全球化的社会大变迁,我们也以极大的热情和创造力推动了教育方式、教育理念的不断升级。与之对应,人们对于好教师的认知标准也不断更迭。好的老师不仅可以传道、授业、解惑,还要带给学生健全的个性、独立的人格和乐观的情绪。

新东方顺应时代的变化,对新时代的老师提出了新要求:

学识深厚,功底好;

快乐励志,学风好;

用心负责,服务好。

好的老师会通过恰当的引导帮助学生调整自己的思考方式和学习方式,优秀的师生关系可以促进彼此成长。我们常说,"学习改变命运",这里的学习,不仅针对知识,还有人生态度、理想信念。一切可以促进人生完满的技巧，都可以通过学习来获得。

因此，继秋季出版物《在成长的路上全力奔跑》之后，新东方在线寒假出版物全面升级，汇集新东方在线优秀主讲和辅导老师的教育经验，打造行业第一本教育白皮书。本书由一个个真实的故事汇聚而成，故事的主角都是曾在教育的路上遇到过各种坎儿的普通学生和家长：有十分努力却无法提高成绩的中等生，有不知道怎么帮助孩子的家长……如果你也有同样的困惑，或许可以从他们的故事中收获一些启发。

本书分为三个部分。第一部分"主讲篇"从学科技巧、学习方法和学习态度三个方面讲述新东方在线优秀教师与学生的故事。例如，清华学霸"饺子老师"与你分享她的独家记忆秘籍，北大文理双学位的"无敌考神"向你倾诉自己的学习心得，等等。他们是老师，也是曾经的学生，懂学生心理，也掌握学习技巧。他们用自身的行动实践出一条条高分之路，如果你也渴望成为和他们一样的闪光者，不妨向他们取取经。

第二部分"辅导篇"则包含了 15 位优秀辅导老师和学生、家长的真实故事。没有爱就没有教育，有了爱也不等于就有了教育；爱是教育的前提条件，而真正的教育却不是只有爱，还需要智慧。这些优秀的年轻人用耐心和爱心帮助无数学子战胜了拖延、厌学等"疑难杂症"，不仅用行动诠释了什么叫用心负责，还展现出了教育的智慧。

第三部分"家庭篇"则主要讲述了家长在陪伴孩子学习

过程中的各种经历。每位家长都希望自己的孩子取得优异的成绩，但口头训诫不仅无助于孩子的学习，还会给良好的亲子关系制造障碍。走进这些家长小课堂，你会发现，原来家长也可以通过掌握方法，让自己成为孩子学习的助攻者。

教师不仅仅是一份职业，也是一条不断完善自我的渠道。老师们在与学生互动的过程中，不断了解学生，切实针对每一位学生的问题去教学，帮助他们解决自己的短板，也在与学生互动的过程中收获了友谊，同时让自己的教学方法更加完善。

每一位新东方在线学员的成长，离不开每一位老师的努力；而每一位新东方在线老师的荣誉，也离不开每一位学生的信任和支持。优秀的教学是老师和学生彼此成就，这也是新东方在线的初心和追求。

浩瀚的知识、活跃的想象、勤奋的心灵、美好的品行是每一位新东方在线老师的自我要求，他们为求高求强的学子和家长提供一条书山的路、一叶学海的舟。欢迎你加入新东方在线教育课堂的大家庭，一起在快乐与勤奋中收获知识与进步。

俞敏洪

2020 年 10 月 10 日

CONTENTS
目录

PART ONE

三尺讲台存日月，一支粉笔写春秋 主讲篇

"教育的本质就是一棵树摇动另一棵树，一朵云推动另一朵云，一个灵魂唤醒另一个灵魂。"

每位老师都会遇到"难教"的学生，老师们正是在教与学的过程中，不断提升与磨砺自我，为学生传道、授业、解惑，做学生成长的见证者与陪伴者。

好的教育彼此成就，好的老师成就学生亦成就自己。在本篇中，22位优秀的主讲老师将讲述自己与学生们那些关于学习、成长的故事，每个故事里都有那些学习上迈不过去的"坎儿"，每个踏过的"坎儿"中诠释的都是爱、真诚、责任与用心。

第一章　学科技巧

CHAPTER ONE

语文成为"拉分王"？
是你没有方法！

教师档案

教师姓名：杜侃

绰　　号：兵哥哥、侃老师

教授学科：语文

教育经历：新东方在线年度优秀教师，新东方在线初中语文负责人，4000+ 时长授课经验。

教学风格：授课专业，风趣幽默，因材施教，循循善诱。强调兴趣学习，认真将"授人以鱼不如授人以渔"的教学理念融入实际教学工作当中。讲求教学合一，让学生在提高成绩的同时，更能够提高语文素养，培养人文情怀。

我叫杜侃，侃侃而谈的"侃"，是新东方在线的一名初中语文教师。父母给我取这个名字，就是希望我在生活中从容不迫，刚直自信。

但是让我享誉课堂的却是"兵哥哥"这个名号，在家长与学生圈儿里，他们都叫我"兵哥哥"。

从小我就对军人和部队有着崇拜与向往，大学期间如愿在校参军，携笔从戎。两年的部队生活让我更加明白责任的重要性——那份对祖国、对人民的责任。亦是这段军旅生涯，磨砺了我坚忍的品质。"知难而进，战胜困难"已成为我生活的信条。

如今我已退役多年，成为一名教师，但退伍不褪色，军人的品质一直伴随着我。有人说"老师要走下讲坛，走进学生的内心"，对此我也很赞同。好的教育一定师生心意相通、彼此换位思考，成就学生的同时，老师亦在不断地进步，这是一个双向的过程。

从部队到课堂，从军人到老师，虽行程在变，角色在变，但是那份责任不变。对于我来说，教学早已是事业而不是工作。我认为作为一名语文老师，不仅要在课堂上教授学生语文知识，更要有对传统文化的讲授。除此之外，还要清晰地知道，语文老师教授的不只有情怀，还有学习的技巧。只有明确这些后，学生才会在你的课堂上收获知识与分数，而不是割裂的内容。

作为一名语文老师，我被问到最多的问题就是："怎样学好语文？"其实学好语文并不难，只不过很多学生与家长并没有找对语文学习的方法。

第一次接触芷寻*，是在她初一的时候，那时我还在北京新东方学校。在一次公开课后，妈妈带着芷寻找到了我，说的第一句话就是："老师，怎么学好语文？"经过细致了解后，我得知阅读和写作是芷寻两块最大的失分项，家长的困惑点也在于：孩子明明读了不少书，为啥语文成绩就是上不去呢？

芷寻在语文学习上遇到的问题，正是大多数学生学习语文时面临的两大共性问题：

1. 阅读题缺乏技巧，导致看不懂、答不对；
2. 写作文没有思路，肚子里没有墨水。

---

* 为保护学生和家长的隐私，本书中出现的学生姓名均为化名。

这些问题，真的不是仅仅努力学习就能解决的，关键还是得找对方法。"找对学习方法"也是我对芷寻妈妈说的第一句话。

阅读是语文学习的重头戏，也是大多数同学存在误区的地方，认为"爱阅读＝会做题"。很多学生从小就读书，但是阅读理解题依旧做得一塌糊涂。其中的问题在于家长和学生并不知道在阅读过程中要总结做题的方法和技巧。所以，不管是日常阅读还是做阅读理解题，我们都需要教孩子方法、技巧，这样才能事半功倍。

芷寻在阅读方面的问题正是没有掌握答题技巧。而阅读题考查的题型无非那么几类，只要老师带着进行整理归类、总结答题方法论，孩子很快就可能拿高分。

所以，我将阅读题常考题型及答题点一一整理，再结合我的"阅读三联问"，有针对性地给芷寻做辅导。例如，题目问"文章开头这句话是什么作用？"这个时候学生要首先思考：这句话为什么要放在文章开头？文章开头的句子有哪些作用？这句话的意思是什么？

只有认真思考过的问题，才易于内化为自己的知识。这个时候再引导出答案，带着学生进行总结。文章开头的句子主要作用有以下几类：引起下文，为下文做铺垫；开篇点题，点明中心；引发读者兴趣，带读者进入故事。

就这样，我每周在微信上将题目发给芷寻，一周一专题，带着她一起练习答题技巧。这样不到一学期，阅读题的答题技巧我都给她讲解了一遍，她掌握了这些技巧后，阅读大量失分的问题就迎刃而解了。

　　要解决芷寻的写作问题，不能急功近利。我给她整理了一份阅读书单，让她从这些书里每日摘抄五句金句，并在朋友圈进行阅读打卡。同时，我还要求芷寻对喜欢的金句进行仿写，我每周会点评她的仿写。对经典金句仿写的过程，就是一个对知识内化、掌握的过程。写着写着，孩子自己就会写了。

　　然而，这个计划在执行过程中却不那么顺利。起初，芷寻有一些敷衍了事。这个时候我就在她每日打卡的朋友圈下，时不时点个赞或者评论一下，做得好的时候我就会及时给予表扬。

　　有一天，芷寻放学回家后立即开始整理、摘抄笔记，妈妈很诧异，就问："今天怎么这么积极整理笔记？"芷寻说："学校语文老师说我写的句子好，特别有深度，一看就不是从作文书上抄的，还让其他同学多向我学习呢。"从这以后，她很少需要妈妈的监督了，学习语文的主动性就这样上来了。

　　就这样，芷寻坚持了一年，写满了五个笔记本的素材，作文经常被老师拿来当范文，这无疑让她感到非常骄傲。我们直到现在还保持着联系。最近一次联系，小姑娘说她大学要去参军，退伍后也要成为一名语文老师。

　　我也经常在想，什么样的老师才能算是好老师？是每天都能解决学生问题的老师？还是每天的课堂都比前一天更精彩的老师？这个问题回答起来太难了。汪国真在《热爱生命》中写道："我不去想，未来是平坦还是泥泞，只要热爱生命，一切，都在意料之中。"或许只要热爱教育并用心付出，一切美好未来也是在意料之中的。

　　语文学习就是一个输入与输出的过程。输入主要是我们的基础知识学习、课外阅读、日常积累，而输出则是我们将从外部输入的内容进行内化后，向外表达的一个结果。在语文学习中，输入主要对应阅读，输出对应的是表达、写作。其实对于所有年级的孩子来说，语文的学习都离不开以下三点内容。

　　1 就像解数学题需要先掌握公式一样，在面对语文问题时，我们也需要掌握一些语文的解题"公式"，语文学习也是需要技巧的。语文积累就是水滴石穿，绳锯木断；而做题技巧就是那把锋利的宝剑，让你斩断障碍，快速成长。

　　2 "博观而约取，厚积而薄发"，广泛地阅读，广泛地涉猎文史知识，才能在写作时信手拈来，言之有物。阅读就是我们输入知识的一个过程，我们带着问题去阅读，在阅读中找寻答案，在阅读后思考、内化。这不仅是拓宽视野的过程，更可以增加自己的文化底蕴。

　　3 善模仿，勤动笔。将所学内容进行外化输出是很重要的一步，锻炼写作表达能力就要求学生善于模仿金句，结合日常阅读积累，多加练笔，增加对文字的驾驭能力。这是一个长时间练习的过程，贵在坚持。

学英语除了背单词，
我还能做什么？

教师档案

教师姓名：张丹青

教授学科：英语

教育经历：新东方在线优秀教师，爱丁堡大学教育学硕士，线下线上累计学员 30 万 +。

教学风格：深谙初中生英语学习心理与规律，帮助学生把握学习重难点，对症下药。多年出国留学考试授课经验，积累了大量英语语言能力提升的技巧与方法，在激发学生英语学习兴趣的同时，提升学生听、说、读、写的能力和分数。

　　我从英国留学归来的第一份工作就是英语教师。在从教的这几年里，我从学生转变为一名知识传递者。我认为老师绝对不是高高在上的知识传播者。只有用真心和学生相处，所传递的知识才会走进他的内心；只有真正解决学生面对的问题，帮助他学业进步，才不负家长的期望。而在这个过程中，我也增加了自己站在师者这个位置上的底气。

　　从教这几年，我带过从初一到高三的所有班型。我发现大多数学生英语成绩上不来，无外乎以下几点原因：

1. 觉得单词无用，不爱背单词；

2. 机械性做题，不善于归纳方法；

3. 没有掌握语法，一做题就错；

4. 不擅于营造语言学习环境。

英语需要一个漫长的积累过程，我第一个学生林晨的英语学习经历就非常曲折。林晨的英语启蒙非常晚，初一才开始。当她开始认识 ABC 的时候，好多同学早已可以进行简单的对话了。这一差距也就造成了林晨一直不敢开口说英语，在英语课上变成了"沉默者"。虽然不敢开口说英语，但是她绝对是背单词最认真的那一个。

当时我给她制订了一个背单词计划，课前将单词全部预习一遍，这样当老师开始讲新课文时，就不会那么懵了。

我们约好，一有时间就抓紧背单词。所以，每天早晨起床，等待妈妈做饭的间隙，她都会拿出单词书开始背诵；而晚上回家后，就把前一天和今天新学的单词再复习一遍。对于刚接触英语的孩子来说，单词量一定是基础，单词量上来了，孩子的学习兴趣就有了。课堂上，老师每次让默写单词时，林晨都是满分，后来英语的学习很大程度上受益于此。

随着单词量越来越大，林晨经常会把相似的词搞混，我就分享了我的初中英语老师教给我的单词记忆法——近义词、反义词举一反三。我的老师在讲单词时，都会将单词的近义词与反义词一并讲解，并培养我们不断举一反三的意识。例如，在学习 like（喜欢）这个单词后，老师就会带我们学习它的近义词 love（爱）和 enjoy（欣赏，喜爱）；同时，还会学习反义词：like（喜欢）⟷ dislike（不喜欢），bad（坏）⟷ good（好），right（正确）⟷ wrong（错误），等等。

有了背单词的习惯和方法，林晨的词汇量慢慢积累了不少。尤其对于阅读题中经常考到的"这个词在文中是什么意思"之类的题，她几乎不会错。

然而光背单词是不够的，语言的学习在于培养语感，于是我开始带领林晨背诵课文。背课文的好处就是能边背诵边熟悉语感，而她的英语发音也是在这个时期有了很大的进步。

有了词汇量，再加上地道的英语发音，我本以为林晨会成为自信开朗的英语课代表，可没想到，林晨妈妈打来电话，说她还是很害怕在课堂上和老师交流。家长会结束后，英语老师语重心长地和林晨妈妈说，孩子在课堂上发言时总是支支吾吾，不够自信。

于是，趁着圣诞节学校组织英语话剧，我鼓励林晨选了一个小小的角色。为了演好话剧，林晨把所有人物的台词都背了一遍，并且把录音发给我，我会帮助她纠正发音。彩排那天，林晨一张嘴就成了焦点。渐渐地她对自己的发音越来越自信，和同学见面也爱用英语打招呼了。

英语学习总不是一帆风顺的，再后来语法也成了林晨英语学习中的拦路虎。但她已经克服了对说英语的恐惧，于是主动跑去向英语成绩第一的同学请教，这位同学当时也没有吝惜自己的学习方法，他建议林晨尝试使用顺口溜记忆英语语法。例如，肯定句变一般疑问句可以用下面的顺口溜帮助掌握：

have 和 be 放句首，
其他助词 Do 打头。
时间、人称由 do 变，

动词要把原形留。

谓语助词有几个，

第一助词放句首。

这种办法真的是我以前没有想到的，既有趣又高效，帮助林晨快速加深了记忆。从此以后，只要学习新的知识点，林晨就把知识点整理成顺口溜，并不断地去做题，检验知识是否掌握牢靠。

就这样，林晨从一个英语小白，一路过关斩将，如今成为一名高考英语考出 143 分的学霸。回忆和她一起走过的这几年，真是各种坎坷都遇到过。回想起来，我自己的英语学习之路又何尝不是？考前焦虑、成绩波动、熬夜刷题、出国留学，到现在成为一名英语教师。我常常对学生们说："你们在英语学习中遇到的难题我都遇到过，老师知道你们有多烦恼，也希望你们遇到我以后可以不用再烦恼了。"

在课堂上，我将自己的旅行经历制作成视频和 PPT，分享给学生们，还为此取了个名字——丹青带你看世界。我还给学生打造场景化的学习环境：比如模拟大家在机场进行 check-in（登机），通过对话的形式，让学生们真正将英语活学活用，间接地为孩子们营造语言使用环境。

我也把学生教给我的好方法分享给了更多人，比如语法顺口溜，让英语语法的学习更加有趣，让课堂上的学习更加高效。

学生们想要学业进步的梦想，早已成为我的梦想。学习虽然是一件苦差事，但是我们在一起乘风破浪，共同驶向梦想的彼岸。加油呀！

英语学习其实并不难，关键还是要找对学习方法。下面给大家分享一些经过我的课堂检验的有效方法。

1 创造语言条件。英语不是我们的母语，但是我们可以增加和英语接触的频率，将英语的使用与学习应用到日常的学习和生活中去。如今我们享有很便利的学习条件，甚至有机会和外教在线对话。你也可以通过收看电视中的英语频道或者播放听书 App 中的英语音频等方法，让自己置身于英语环境中。

2 打破"面子障碍"，大胆说英语。"哑巴式"英语学习是中国学生学习英语的"通病"。其实英语的发音学习和我们从小认识汉字一样，起初我们也不认识汉字，但是随着你念的次数多了，慢慢地就认识了。所以，语言是需要练习的，同学们要大胆说英语。只要不断坚持练习，英语口语自然会越来越流利。

3 词汇、阅读两手抓。单词在英语的学习和运用中占有举足轻重的地位。这也是老师们细致讲解单词用法的重要原因。从某种程度上说，词汇量的大小决定着学生英语水平的高低，因此单词学习是英语学习的重中之重。

词汇积累是提升阅读的第一步。英语学习培养语感特别重要，而阅读和背诵是培养语感最直接、最有用的方法。读得多了，日积月累，语感就慢慢地产生了。

学数学，
勤未必能补拙

教师档案

教师姓名： 孙悉彧

绰　　号： 彧彧老师

教授学科： 数学

教育经历： 西安新东方学校优秀教师，拥有线上万人大班授课经验，累计教授学员 10 万 +。

教学风格： 授课细致耐心，贴合知识点；幽默风趣，善于总结公式技巧，让学员快速掌握数学公式。

"你是孙悉彧老师吗？"

"是的，我是孙悉彧（yù）老师。"

关于我的名字，经常会闹出这样的笑话，我也会乐此不疲地和大家玩笑一番。

相比于"孙老师"，我更喜欢学生叫我"彧彧老师"。高中的学生心理压力本来就很大，加上正值青春期，和父母的沟通自然就会少很多。我希望和学生既是师生也是朋友，不管是生活问题还是学习问题，他们都可以来找我谈一谈，我就是他们的倾诉对象。

高中的学习阶段被称为人生中最艰难、最难忘的日子，不管多么坚强的人，都会有那么一刻，觉得自己快熬不下去了。作为同样经历过高考的人，我清晰地知道高中是一场脑力与体力的博弈，同样也是一场与自我的对决。这个时候，作为老师，我们不仅要给学生学习上的帮助，更要去理解和包容他们。

齐鲁就是我带过的学生之一。高一的数学测试，他只得了64分。

"这几门课里面，数学最难学了。"

"数学成绩再上不来，恐怕高三也追不上了。"

"数学这个水平，你要不报个大专得了。"

齐鲁说那段时间，只要一做梦，他的耳边就萦绕着这几句话。"感觉自己的人生都完了，对所有事情都提不起兴趣，真的想破罐子破摔了。"学习的压力，成绩上不去的焦虑，这个时候全部向他袭来。

在高中，数学成绩达不到90分的学生，最核心的问题就是基础知识薄弱。高中数学基础知识主要分成四个层级：基础型、结论型、步骤型以及综合型。而像齐鲁这种低于90分、基础知识薄弱的学生，则要重点补习第一类知识——基础型。

知道问题所在就好办了。我将高一数学需要掌握的概念、公式编成口诀和顺口溜教给他，包括"周期对称歌"、三角函数口诀等，这些可以脱口而出的秘诀可以在短时间内让他补齐一部分数学知识。在他记忆公式口诀的同时，我还给他准备了两套测试卷，这两套卷子做下来，他在基础知识上的薄弱点就可以快速定位了。

要攻克基础知识的薄弱点，专项训练无疑是最有效的解决办法。例如，他明显对数列知识掌握较差，我就从数列最基础的知识讲起，结合等差数列、等比数列，重点帮他梳理出常考题型，手把手交给他对应的解题方法。这样一来，数列方面的基础知识薄弱点就被慢慢补齐了。

在这个过程中，齐鲁的焦虑情绪已经缓解了不少，每日学习的积极性也逐渐变高了，接下来就可以进入"刷题"阶段了。

对于数学学习，我一直认为听课和做题的比例应该是3:7，听老师讲只占3，学生做题要占7。学生只有经过大量的真题实操，才能将老师讲解的方法内化成自己的做题方法。因此，专项知识突破之后，随之而来的就是用"刷题"来检验掌握程度。

每周我都要求齐鲁针对一个知识点"刷"100道题，这100道题中，包含基础知识题、演变题、重难点题等。在做题过程中，如果遇到不会做或做错的题，就快速翻书、找复习资料，寻找解题方法。半学期下来，齐鲁的数学分数已经稳步在110分左右了。那个一开始满是焦虑的小伙子，对于数学学习越来越有信心与冲劲了。

大多数目标分数在130~140分的学生，要重点关注的是我们前文提到的数学基础知识的前三类知识，即基础型、结论型、步骤型。而第四类综合型知识则是锦上添花，学生一旦掌握后，数学思想和学科素养会有一个质的提升，数学成绩也会更上一层楼。

学生应该从本质上理解数学的学习，拒绝"花拳绣腿的秒杀技巧"，这是我一贯秉承的教学理念。尤其是基础不好的同学，我并不建议他们学习这些技巧，比如"30秒巧解函数""4分钟搞定数列、概率"等，虽然这些技巧可以让学生很快地解题，但是基础不好的学生对于题目本身还是无法"知其所以然"。但对于基础扎实、平时数学分数保持在130~140分的学生来说，在学习之余掌握一些"秒杀技巧"提升解题速度也无伤大雅。

其实，数学并不是一门你看懂过程、下次再看到类似的题就能"依葫芦画瓢"解出来的简单学科。它的每一步都需要你经过大脑的缜密思考，在透彻理解的基础上把所学的内容真正转化成自己掌握的内容。只有这样学习数学，才会学好数学。作为数学老师，我不仅要把这道题的过程写出来，还要告诉学生这道题的解题思路是什么，更要教会学生自己动脑思考如何解题。

有人说，高中对于学生来说，就像走进了一条幽黑的隧道，而进入隧道的学生就只有一个目标，那就是奔着光走出去。也许你在这个隧道中迷茫、踟蹰过，但是请记住，你的老师在提着灯陪你一起前行。当你们埋头学习、感到疲惫的时候，记得抬头看看那盏灯，它就是照亮你们前路的那束光。

作为一个过来人，我真的想告诉同学们，高中学习的时间真的很短，三年转瞬即逝，希望你们把握好这三年，稳扎稳打地走好每一步。"梦想可以提升热忱，毅力足以磨平高山"，我将这句话送给所有追梦的高中学子们。

学习真的很苦，但总归是有方法的。我们怎样才能帮学生解决数学这个"老大难"问题呢？下面是我总结的三个方法。

1 打牢基础，以应万变。数学的"题海战术"是十分重要的，但是有个重要的前提，就是基础知识足够牢固。有了牢固的基础，做题才能起到锻炼思维的作用。单纯地做很多题，想要通过记忆题型达到学好数学的目的不啻天方夜谭。学习数学最重要的是锻炼学生的思维能力，并不是让学生死记硬背。

2 多做题的前提是掌握解题方法。数学最忌讳盲目做题，不懂举一反三。盲目做题，看似很勤奋，但是没有数学思维的投入，就是没有"学到点上"。题目的确要多做，但是要清楚，我们通过做数学题目，是要找到题目之间的共性问题并进行归纳总结，最后学会举一反三。也就是说，如果你做 1000 道题，但不会归纳总结，还不如做 10 道题并总结出方法。

3 学会分析错题。刷题的同时，要学会分析错题，看到错题的价值。做题→有错→分析原因→搞定知识薄弱点，这样做题你的数学成绩才会进步。建议大家准备一个错题本，记录自己不会做的题或经常容易出错的题。"不要把不会的问题带回家，但是一定要把错题本带回家"，研究错题本，把错题弄透，下次再遇到同类型的题目时就可以避免错误出现。数学成绩往往就是在这个过程中不知不觉提升的。

ZHAOYETONG

你的理化学习差点
"生活"

教师档案

教师姓名：赵叶彤

绰　　号：阿赵

教授学科：初中物理

教育经历：湖南卫视《叮咚上线！老师好》特邀嘉宾，《凤凰周刊》采访嘉宾，曾赴新加坡国立大学交流学习。新东方全国精品课展示大赛冠军，新东方集团优秀教师，新东方"桃李天下奖"获得者，累计教授学生 30 万+。

教学风格：单口相声型激趣式教学，讲课通俗易懂，氛围轻松活跃，方法又快又准。

"阿赵，你是什么老师？语文老师？"

"看你这么活泼，应该是英语老师。"

很多人见到我的第一面，都会做出如上猜测。但当我告诉他们自己是一名物理老师时，很多人的第一反应都是很惊讶。没错，我是一名不折不扣的初中物理老师，是一个会讲单口相声、热爱生活的物理老师。

今年，是我当老师的第五个年头。让课堂更有趣，让孩子更热爱物理一些——这是我在第一节课前，写给自己的课堂目标。时间如白驹过隙，转瞬即逝，但我的课堂目标依然是它，我还是那个初心不改的阿赵。

我今天要给大家讲的是关于初中理化的学习。理化学科在初二、初三才与学生见面，但却经常被大家抱怨。

"物理太深奥了，学得好烦躁！"

"化学太难搞了，反应看不懂……"

物理和化学，似乎成了让大部分中学生十分头疼的学科。许多学生学了很长时间，仍然似懂非懂地徘徊在理化的门口，还总是为各种公式、计算、实验和推导而犯愁。有一些家长经常一开口三句离不开"理化咋这么难学？"，却不知这句话在无形中就给孩子的潜意识中埋下了"理化难学"的种子。

有一次，开学要上初一的侄子问我："姑姑，物理很难学吗？"我大吃一惊，问道："你还没上初二，怎么知道物理难学？""我听很多老师和同学说，初中最难学的就是理化。"侄子的话，给了我重重一击。教了这么多年的物理，没想到周围人对理化的学习，仍然存在着这么大的认知误区。

理化难学吗？其实不难！理化是与我们实际生活联系最密切的学科。对于理化的学习，我建议同学们从生活入手，因为初中理化研究的正是日常生活中的常见现象。要打消"理化难学"的念头，就得让同学们从身边的事物入手，从生活入手，激发他们学习理化的兴趣。

我举一个在新东方线下当老师时所带的两名学生的例子。萌萌一直是当地班级的前三名，各科成绩都很优异；而皓轩的成绩在班级属于中等水平，略显淘气。两个孩子都是新学期第一次学习物理，但我明显感觉到，皓轩对物理知识点的理解与掌握快于"小学霸"萌萌。

当我问道："用一只手使劲地拍打桌子，你的手会怎样？"

两个人异口同声地说："很疼。"

"用一只手使劲地拍打另一只手呢？两只手会怎样？"

"都很疼。"

"好，你们知道疼，就已经理解了物体间的作用力是相互的。那你们还能举出其他相似的例子吗？"

这个时候你就会发现，皓轩的小脑瓜在高速运转，"拍篮球，滑旱冰，划船……"，举出的例子一个接一个。皓轩是个爱观察生活的小男孩，他对物理现象的掌握要比萌萌多很多。这其实也说明了，初二、初三学习理化，同学们又站在了同一起跑线上。同时你会发现，那些对生活留心观察的孩子有可能会超越"小学霸"。

初中阶段的学生对世界充满了好奇，会提出很多个"为什么"，也正是这种好奇心推动着他们去探索知识。我一直认为，这些能被生活所演绎的学科是最有趣的，这些学科的知识也是最容易掌握的。

举上面这个例子，就是想告诉各位家长，在孩子刚开始接触理化时，首先千万不要去传递"理化难学"这个信息，不要在孩子的潜意识中埋下"恐惧"的种子。

其次，一定要从生活现象入手，去激发孩子对理化学习的兴趣。例如，雨后的天空为什么会出现彩虹？冬天窗户上为什么会结窗花？夏天的电闪雷鸣是怎么来的？为什么自行车的车轮会生锈？这些生活现象无处不在，正是学习理化知识的好素材。

很多家长也问我，除了从生活现象入手外，还应怎么样提高孩子的理化成绩？下面我就给大家总结几点理化学习的建议：

1️⃣ 初中是物理、化学的启蒙阶段，需要同学们将基础打牢。首先要注重对概念和原理的理解，其次要结合生活实际来理解知识。不论是中考还是高考，基本都遵循试题分配的"二八法则"，即至少会有 80% 的基础题。因此，打牢基础知识是学习的关键。

2️⃣ 做好课前预习、课后复习。通过提前预习，同学们就可以对老师在课堂上所讲的内容做到心中有数，从而提高听讲时的针对性；而课后复习，在于对知识进行查缺补漏，进一步巩固知识点。

3 做好错题的收集、整理与反思。做错了题并不可怕，怕的是不认真查找错误原因，以后再犯类似的错误。因此，同学们要重视错题本的作用，及时记录错题，并对错题做总结归纳，进行知识点的查缺补漏。然后，每隔一段时间，将错题重新做一遍，检验知识点是否被彻底掌握。

史地政惹人愁？
方法不对愁更愁！

教师档案

教师姓名：田晋绮

绰　　号：呆伦老师

教授学科：英语

教育经历：TKT 全模块满分，持有剑桥大学教师资格证 CELTA 证书、剑桥大学教学文凭 DELTA，剑桥大学中国区在线英语教学导师。

教学风格：追求简洁高效的课堂，帮助学生打开黑箱，分数、能力两手抓。

虽然已在英语教育领域驰骋八年，但我今天不聊英语。我今天要和大家聊的是文科，也就是史地政的学习方法。经常有家长这样问我："当初就是因为学文简单才选择文科，可孩子的考试成绩为啥上不来？"又或者"文科不是背背就行了吗？提个分怎么这么难？"

听到家长对文科学习存在这样的误区，我这个英语老师可有话要说一说。

回想自己的初中阶段，我一直是班级里的佼佼者，每次年级考试一放榜，我就是那个可以开开心心回家"炫耀"的人。我的成绩优秀的主要原因在于我初中不偏科，每一科目我都认真对待。而我周围好多同学只学习语数外，并不重视其他科目的学习。我们初中考试有两个榜，一个是主科榜，一个是全科榜。现在想来，也不能全怨同学们心里有主副科之分，学校的排名榜就带着一些"区分"的意味了。

在初中，我最开心的事就是和同学们互相考查地理、历史知识点。当时我们人手一本知识记忆小册子，手掌那么大小，在午间休息、课间休息，就连回家学习时，我都会拿出小册子记一记，然后上学就和同学们相互比拼，看谁记忆得扎实。

初中文科的学习相对简单，对于我这种"勤劳"型选手，成绩是不会辜负努力的。由于我比较喜欢文史知识，高中分班时自然而然地选择了文科。可是真正学了文科之后，我却发现文科并不是那么简单，以往我吃透书本知识，背一背就可以考高分，可到了高中却行不通了。

在高二时，先后两次月考，我的文科成绩都非常不理想。究其原因，一是因为周围强人变多了，二是因为我的学习方法好像不管用了。这让我很不适应，好在我有"小强"精神，哪里跌倒就在哪里爬起来。

学习方法不对，那就去找方法。我第一个瞄准的对象就是班上经常考第一的那个同学——她就是我的同桌。我向她请教："同桌，快教教我怎么学历史和地理吧。"

我同桌二话不说，将她的历史、地理笔记拍在我面前，开始传授"学习秘诀"。

　　不看不要紧，这一看我就知道自己与同桌的差距在哪里了。我的历史笔记记的全是书上的知识点，每一章、每一节记录得非常完整；而同桌的笔记本上除了知识点，还有对每章的总结。除此之外，她还对历史知识点进行了"横纵坐标"串联。横坐标就是历史事件的时间、朝代，纵坐标就是发生的历史事件。她还绘制了比较图表，将同一时期，国内外发生的历史事件进行对比，从时间、人物、事件、影响等多方面进行比较。而对特定历史时期的事件，她做了归纳总结。例如，中国近代史部分，从1840年鸦片战争到1919年"五四运动"前期的历史，主要记住"一二三"即可，她管这种方法叫"线索记忆法"。"一"是一个主要矛盾，中华民族和外国资本主义、帝国主义的矛盾；"二"是两种历史，中国社会逐步沦为半殖民地半封建社会的历史，以及中国人民进行旧民主主义革命的历史；"三"是三大革命高潮：太平天国运动、戊戌变法和义和团运动、辛亥革命……

　　经过同桌一番指导，我终于明白，我的学习只是将课本吃透，只进行了点对点的记忆；而同桌则是在完成点对点的记忆后，还对知识进行了面对面、线串线的归纳总结。起初对于文科的学习，我看到的只是孤立的知识点，虽然记得很认真，但是没有像同桌一样，站在一个更高的角度将知识点进行归纳。这就是我做不对文科试卷中拓展与提高类题目的主要原因。

　　看似简单的文科学习，其实背后需要付出很多；付出的不只是努力，更伴随着学习方法的寻找。如今我是一名教师，但曾经我也是一名学生，和广大的学生一样，面临着各种学习问题。

以上是我学生时代寻找学习方法的故事，希望对你有所启发。对了，忘记告诉大家，我当年高考的文综成绩是全年级第一名，这也正印证了那句话："青出于蓝而胜于蓝。"

其实，知识是永远学不尽的，只有掌握求知的方法，才能在面对浩如烟海的知识时，很好地撷取。希望我的学生们能够"求知若饥，虚心若愚"。

学习提示

文科学习要啃透书本，掌握书本上的知识是关键，记住书本零散的知识是进行宏观归纳总结的第一步。同时，对于文科知识的记忆又不能孤立地看知识点，要把知识融会贯通，全面把握知识。

此外，作为一名文科生，要时常关注国家时政。政治、历史、地理等学科，本身时政性就很强，并和社会联系紧密。例如，政治作为一门时代性很强的学科，和我国的经济、政治、社会发展紧密相关，考试题亦常常结合社会热点，这就要求同学们多关注社会时事。

有人说，文科的学习离不开背诵。是的，我不反对，但绝对不提倡死记硬背，要讲究方法地记忆。比如历史的学习，要先理解整个历史的发展过程，把重要的历史事件都串起来，清晰地知道它们在哪个节点发生。同时，用人物串联事件，将事件放在历史大潮中去看，要做到书本上有脉络，心中有架构。

第二章　学习方法

CHAPTER TWO

MIYA

上北大有捷径吗？

教师档案

教师姓名： Miya
绰　　号： 美压老师
教授学科： 数学
教育经历： 北京大学文理双学位毕业，学霸考神，家庭教育专家，五年一线教学经验，累计教授学生 30 万 +。
教学风格： 功底深厚、逻辑为王，是能把数学知识点写成歌的"中华小曲库"，教学生用科学的方法轻松、高效学数学。独创的解题套路帮助数以万计学生轻松解决学习难题。

初中数学仅两次不是满分
高考 705 分
北京大学文理双学位
被称为"无敌考神"
同学口中的"学霸"
家长眼中"别人家的孩子"
学生心中的"高分老师"

上面这些标签背后的主人就是我——Miya。从事教学工作已五年，我的"米饭团"团队越来越庞大，这对于一名老师来说是无上的荣耀。但是，今天我要跟大家聊的不是教学心得，而是学习心得。

从小到大，我就是那个一直被别人夸大的孩子，只要一谈起成绩，我就会成为人群中的"小明星"。

很多人想知道：我是不是一天 24 小时都在学习？我是不是天生的神童？我的父母是不是科学家？因为大多数人认为，学霸的生活一定有些超乎常人的地方。但是我却想说："没有天生的学霸，那些擅长学习的人都是一步步培养出来的。"

在我考上北京大学后，很多家长慕名前来，都在问："学习有捷径吗？"

我的回答都是"没有"。

"学习有策略吗？"

"有。学习无捷径，但却可以用策略改善我们的学习。"

在和学生打过几年交道之后，我想说，好的学习策略是可以复制的。学生们虽然千人千面，但是在学习上遇到的问题总是有共通之处。那学霸可以后天培养吗？答案是肯定的。

我可不是生下来就会说话和写字，在学习路上"打怪升级"是一个漫长的过程。这需要我们不断去探索"打怪升级"的办法，同时还要知道成为学霸绝不是一蹴而就的事情。

曾经，我的身份是学生；如今，我是一名教师。在学习这件事上，这两种最重要的角色我都扮演过：不是旁观者，而是亲历者。所以，关于学习，我还是有一些经验跟大家分享的。

1. 习惯养成，在于坚持。

培根曾说过："习惯真是一种顽强而巨大的力量，它可以主宰人的一生。"好习惯的养成是成为学霸的第一助力点。好习惯会带给你学习上的"滚雪球"效应。比如，每天坚持听英语听力，每天坚持预习新课、回顾学习知识点，长此以往，你便会感受到坚持带给你的收获。

在我读小学的时候，我妈妈坚持每天给我设立学习目标，这些目标都不难实现。例如，每天坚持练习写 10 个汉字，背 10 个英语单词，把明日的课文预习一遍等。我小时候虽淘气，但是在妈妈的监督下，我还是能很好地完成任务。而当我完成这些小目标后，就可以放肆地出去玩了。久而久之，这些每日的"必修课"就成了我的习惯。

爱默生曾说过："习惯不是最好的仆人，就是最坏的主人。"很多家长跟我说，现在的小孩都太会找借口了，每日的学习打卡根本坚持不下来。万事开头难，做出决定就要立即去执行，这个时候父母就要成为孩子的监督者，督促孩子去执行。而在执行的过程中，难免会出现中断的现象，这个时候怎么办？从哪里跌倒从哪里爬起来，告诉孩子不要自暴自弃，我可以给你放一天假，明日我们再继续坚持。这个时候父母越坚定，孩子就越能深刻地认识到这件事的重要性。

2. 必备错题本，从错题中精进。

小学时，我并没有什么学习优势，因为小学知识内容简单，同学们的成绩不会拉开太多。但是从小学开始我就有错题本，这一习惯一直坚持到现在。只不过学生时代，我为自己记录错题，现在是记录学生们常出现的错题、马虎题或是平时学习中的重难点题。

记录、整理错题的效果在我初、高中阶段逐渐凸显出来。我会把每次做错的题在第一时间整理好，并及时查找自己知识上的短板，然后再进行刷题训练，这样我的知识漏洞得以不断地弥补。以我的数学成绩为例，在我初中生涯的所有考试中，仅有两次不是满分。

我学会了在错题中精进。对我来说，同样的错误可以犯两次，但是绝不可以犯第三次。这也是我各科成绩保持前列的秘诀：错题不过夜，知识及时补齐。

3. 内化知识，外化讲授。

除了从刷题中检验自己的知识掌握情况外，我还要向大家推荐一个行之有效的高效学习法——费曼学习法。

从小我就有一个特点，那就是爱说话、爱表达。记得我小学老师曾对我说过："Miya，你再这么能说，今天这课你就来讲吧。"没想到，多年后，我居然真的成了一名老师。

我从小就喜欢给别人讲题，小学时给爸爸妈妈讲，中学时给同学们讲。每当有同学来找我请教时，都是我最开心的时候。因为在给同学们讲题的过程中，我又将知识点复习了一遍，同学们在进步，我也在不断地巩固。而所谓的费曼学习法就是当你学习了一个新知识后，想象自己是一个老师，用最简单、直白的话将复杂的知识讲解出来，而你的目标就是让上至 80 岁、下至 8 岁的受众都能听明白。这就需要我们将从外界输入的知识，经过自我内化后向外输出，并用自己的语言外化表达出来。如果你顺利地讲出来了，就算是基本学会了。在这个过程中，不管是对知识的记忆，还是理解，都起到了巩固的作用。

4. 学会精力管理，制订学习计划表。

你以为学霸都是只顾学习、一天学习 16 个小时吗？其实不然！

即使在初、高中学习紧张的阶段，我都会给自己留一些休闲娱乐的时间，调节自己，然后以最好的状态投入到学习中。我会坚持运动和保证充足的睡眠，这两点可以为我的健康保驾护航。足够的睡眠可以让我的大脑处于活跃的状态，让我的记忆力更强，听课状态更加专注，而我就是那种在课堂上从来不犯困的学生。

吃好、睡好、玩好之外，学习是怎么安排的呢？下面我就给大家看一下我高中阶段的学习计划表（见下页）。

列好学习计划表后，我会严格遵守。一方面，这份学习计划表可以解决我拖延的毛病；另一方面，它让我每日的学习、每周的学习都变得有规律起来。在这份学习计划表的背后，我要特别感谢我的父母为我做了最好的后勤保障。他们虽然没有出现在学习计划表上，但他们每天做的充满爱的三餐，都是对我执行计划最大的支持。我毕业多年后，有一次父母看到我的学习计划表，还感叹道："真是将时间用到了极致！"

时间	项目	时间	项目
6:00—6:30	早读	6:30—7:10	早饭
7:10—7:30	上学	7:45—8:25	第一节课
8:35—9:15	第二节课	9:25—10:05	第三节课
10:05—10:30	课间操	10:30—11:10	第四节课
11:20—12:00	第五节课	12:00—12:30	午饭
12:30—13:30	午休	13:30—14:05	预习下午第一节课
14:05—14:45	第六节课	14:55—15:35	第七节课
15:35—15:55	休息+眼保健操	15:55—16:35	第八节课
16:45—17:25	第九节课	17:35—18:15	第十节课
18:15—18:50	晚饭	18:50—19:10	看新闻+休息
19:15—20:00	写当天作业题	20:10—20:55	整理各科错题，并快速补齐知识点
21:05—21:50	刷题+预习明日学习内容	21:50—22:10	洗漱
22:10—22:30	课外阅读时间	22:30	开始酝酿睡意

是啊，学霸并不是天才，只是善于抓住时间，努力付出，才收获了成功的果实。我们大多数人都并非天才，但为什么有的人就能迅速地脱颖而出？究其原因，他们并不是靠过人的天分，也不是有什么深厚的背景，而是靠最简单也最难的"自律"。

康德说："所谓自由，不是随心所欲，而是自我主宰。"很多时候，不是因为你优秀才自律，而是你自律了，才会变得优秀。当一个人自律到极致的时候，或许就是全世界为他让路的时刻。

我常常激励"米饭"们，要努力在我的校友之路上越走越远，甚至超越我。既然我被同学们称为"数学考神"，那我就给大家分享一下学习数学的小妙招。

数学其实并不枯燥，而是一门特别能激发大脑思考的学科。每当我做数学题时，都会特别开心，尤其是看着每一道题在自己的笔下被演算出来的时候，真是成就感满满。有人说数学公式实在太难记忆了，那可能是因为你的方法还没找对。我给大家总结了三个学数学的小妙招。

1 数学知识歌词法。比如，在讲"相反意义的量"这一概念及其特点时，我们可以编成歌词来记。下面就是根据《来自天堂的魔鬼》的歌词改编而成的《来自有理数的魔鬼》：

有理数的概念心慌慌
但怪那细节爱遗忘
正负数表示相反意义的量
数不一样也无妨

用数学知识点改编歌曲，你会发现不仅好听，还不容易遗忘。

2 从错题中淘金。我一直在强调错题的作用。错题就是用来检验你对知识的掌握程度的，总结错题能帮助你快速补齐知识点。

3 多做题。做题的前提是要掌握"母题"，在掌握"母题"的基础上去刷一些专项题进行训练，这样可以快速提升你做该类题的准确度和速度。

笔记，提分利器

教师档案

教师姓名： 王哲

教授学科： 化学

教育经历： 15年教学经验，教授14届高中毕业生。面授学生逾万，网络培训学员逾十万，培训教师逾百名。

教学风格： 提倡"轻松学习，快乐成长"理念，希望学生既能有学业的进步，更能有健康的身心。课堂干货满满，逻辑缜密，解题操作步骤清晰易学，于平淡中得真知。教学中秉承"复杂问题简单化，抽象问题具体化，枯燥问题趣味化"的教学模式，让各种水平的学生都能收获进步。

记得我大学毕业，刚进入教育行业时，满脸青涩，去校区上课常常被班主任认成学生。当时我教高中学生，看起来比他们大不了几岁。

如今，我已迈进教育行业15年，从一名"小白"老师，成长为新东方在线化学项目负责人，学生对我的称呼也与时俱进。刚来新东方时，由于邮箱名字是"王哲2"，加上比较幽默的性格，学生开始叫我"二哥"，后来逐渐衍变成"二叔"，现在变成"二爷"，以及最近学生戏称我为"老爷子"。

对于这种调侃，我很乐意接受，这证明了学生对我的喜爱，把我当成"自己人"。从"哥"到"爷"的转变，也是我每次课前写下万字逐字备课稿，刷题成千上万套，暑假每天下课后都几乎失声的成果，在教师的履历上，这就是我的勋章。

"有趣、有用、有效"是我对自己课堂的要求。一方面，将枯燥的课堂生动化，将复杂的问题简单化，用趣味来吸引学生的眼球，让学生上完本节课就对下节课有所期待；另一方面，课程要有明确的目的性和效用性，对学生的成绩提升有明显的帮助。

基于此，我上课有一个特别的习惯——不喜欢用 PPT，只喜欢手写笔记。为了把 PPT 与板书相结合，让学生们更好地记忆，我每一堂课的备课时间都很长。板书的布局怎么设计，怎样让学生们记到笔记本上不会乱，用什么样的图能更生动、更直观地让学生们理解知识点，如何把本节课的逻辑框架传达给学生们等，都是我在备课时会反复打磨的重点问题。

在手写板书这一点上，我可能有着无法隐藏的"星座天赋"。我是一个十足的处女座，原先没有电子支付时，你打开我的钱包，会发现里面的钱都摆放得整整齐齐的，包括纸钞正背面的朝向，都是统一的。我也并不觉得处女座的"强迫症"是一个缺点，这是理科学生应该培养的一种思维和习惯。

除了对待自己严格外，我同样把这种"强迫症"传递到学生身上——作业一定要书写工整、表达要有条理性。这不是表面功夫和形式主义，养成书写工整的习惯，在复习笔记和考试时都能帮助你节约大量时间。细节决定成败，这些基础的事情也会或多或少决定一个人最后能否成功。

每次结课，学生都会收到我长达几米的手写笔记。在我看来，手写笔记不仅是教师功底的体现，更是一种向学生传递授课思路的过程，是言传身教的体现。我会继续坚持手写笔记和板书，同时也会一如既往这样要求学生。

当我还在线下当老师时，从初三到高三就带出过许多因记笔记而获得满分的学员。梓豪就是其中一个。初三的暑假，他第一次来上我的课，一个很帅的小伙子，打扮得也是超过同龄人的成熟。从入门测评和几次课看来，他的化学算是中上水平，会举一反三，有学习化学的天赋，但他的问题也十分明显，课上不爱记笔记，课下不背知识点，基础知识薄弱。其实在青春期阶段的学生，出现这种问题很正常，尤其是这种聪明的学生，课上的知识点听过一次就能听懂，因此很容易轻视基础。作为一名经验丰富的老师，我知道这样下去最终吃亏的还会是他自己。

不想用说教让梓豪产生叛逆情绪，于是我主动邀请他参加一场"比赛"——看谁能在最短的时间内背完元素周期表。"这还不容易吗？有什么难的。"梓豪冲着我一笑。他确实是个很聪明的孩子，第二天便完整流利地背下了全部内容。

我让学生当裁判，我们俩分别背诵，用时不差分毫。这时他冲我挑衅地一笑道："怎么样，王老师？"我回了他一个从容淡定的微笑，接着继续反着背了起来，用时比刚刚整整少了10秒！我又让他对照元素周期表随便找出序号，我回答对应的元素，每次都是不假思索地答出。在场的学生们都自发鼓起了掌，梓豪也是满面惊讶对我说道："行啊，还真有两手。"

我拿起我自己记的笔记给他看，化学方程式、知识框架甚至实验图，都画得整洁美观。随后对他说："我没你聪明，元素周期表可能不能一天背下来，但我每天都背一点，背完了按不同周期和族再去背，这也是我比你记得好的原因。"随后我又说道："有时候，这种日积月累地记笔记，反复地学习，到最后你可能就是在本能地拿满分。"

那次课后，不仅是梓豪，班上孩子们的上课状态和记笔记情况都有了很好的提升。那年的期末考试，我们班有十个孩子的化学最终得了满分，梓豪就是其中一个。我将他们的笔记拍成照片，分享到我的朋友圈中，写道："功夫不负有心人，你们的付出，值得满分的表扬。"

在"手写笔记"这一点上，我和很多我的学生都是受益者。我会继续坚持下去，也希望越来越多的学生可以记出进步，记出满分！

现在，在淘宝上搜索"状元笔记"，会出现海量与之相关的结果。这说明越来越多学生和家长注意到了笔记的作用。在此，我想澄清一个观点——记笔记不等于死记硬背。首先要养成记的习惯，其次需要不断打磨，形成自己有效的记笔记方法。这里有几点建议送给同学们：

1 听课为主，记录为辅。主要记老师总结的观点、规律、口诀等。听老师讲课是课堂第一重点，其次要在听的过程中找寻重点，而这个重点则需要记录到笔记上。即使有遗落的地方，落下的部分可以先做标记，下课再问老师。切忌老师已经讲到下一个知识点了，你还在记上一个知识点的内容。

2 注意笔记的逻辑和分区。老师的课堂授课逻辑很大程度上就是同学们记笔记的逻辑。除了记忆老师的逻辑外，还要在笔记本上做出分区，比如本节课的重点知识、个人掌握比较困难的知识、涉及的以往知识点等。这样的分区方便同学们后期复习。

3 笔记工整，颜色区分。笔迹工整这个问题，大家一定要引起重视。如果大家养成了随手胡写乱画、公式和草稿混在一起的毛病，考试的时候会大大增加解题的难度和做题时间。反之，整洁的笔记，不仅让你的复习效率得以提升，更能让你养成良好的书写习惯，在考试时有助于理清解题思路。

新题 1000，
不如错题 10 道

教师档案

教师姓名： 祝子沛

教授学科： 数学

教育经历： 三年数学教学经验，累计教授学员 5 万＋，西安新东方优秀教师，新东方年度优质口碑教师，风趣幽默，寓教于乐。

教学风格： 善于用形象的实物来举例，帮助学生理解抽象的数学问题；注重逻辑推理，让每位学生都参与到思维博弈当中；擅长题目剖析和知识体系搭建。

我一直在强调"学生没有好坏之分，没有优差之分"。作为一名教师，我时常告诫自己，要做学生的引导者，而不是评判者。在教育的过程中，老师与学生会共同成长。我帮助学生去发现问题、解决问题，而学生帮助我成为一名经验丰富的老师。

师者，何以为师？示以美好，授以希望。希望不灭，梦想永存，哪怕是一点火星，我都要让它烈火燎原。

我曾经接到一位家长的求助电话。

"老师你快救救我家孩子吧，他数学成绩再上不来，高考就要废啦！"

家长开口的第一句话就把我给镇住了，隔着电话都能感觉到这位母亲的焦虑。

这位学生叫王喆，已经高一，数学成绩还不到 60 分。如果高考数学拖后腿，孩子很可能需要去读专科了，这是他妈妈非常不想见到的。

"孩子学数学挺努力的，每天刷题十一二点才睡，每道错题都整理了，家里写满的笔记本、错题本有好多。老师，你说他都这么努力了，数学成绩怎么就上不来呀？"

我一听，孩子确实非常努力了，知道刷题，还整理了错题本。不过多年的教学经验告诉我，孩子学习意愿强，成绩却不理想，问题大概率是出在学习方法上。

和孩子沟通后，我发现尽管他大量刷题，但是没有学会对错题进行很好的归纳总结，即没有在错题中学会"淘金"。如果不解决这个问题，刷再多的题也是徒劳。

有的人说，错题本是"考试的必备神器"。但也有学生在大吐苦水："错题我都记了好几本了，这成绩怎么还是上不来呀？真心作用不大。"是错题本作用不大吗？答案其实很简单：整理错题的目的不在于整理本身，而在于能否从错题中吸取教训，从而提高成绩。

大多数学生整理错题本都会陷入一些误区，王喆就是这样。他把错题很认真地整理下来，而且错题本每页都非常美观，还用不同颜色的笔标记了侧重点。但是，他也就是整理了下来，很少翻看，更不用说再重新做一遍了。

有的同学会说，我的错题本整理得挺及时的，而且偶尔也会看，可是我的成绩为什么没有提高呢？原因可能有以下几点：

1. 只是记录错题的正确做法，却不知道为什么错；

2. 没有对错题进行归纳整理，错题还是错题，而且还越攒越多；

3. 错题本记得非常积极，复习却非常懈怠，从没有认真翻过一遍。

以上这些原因都会使学生陷入整理错题本的误区。错题本应该是对不会题、易错题、重点题的归纳整理，目的是让同学们及时归纳，经常复习，定位短板，补齐短板。这也就是大家常说的"刷新题1000，不如错题10道"。题在精，不在多。与其求量做1000道题，不如把错题本上的题做精、做透，避免下次再犯同类错误。这也正是错题本存在的意义。

知道王喆成绩提不上来的原因就好办了。王喆整理错题本这个步骤做得很好，但他缺少整理之后复习这个步骤。

我给他制订了一个"错题复习计划"，计划分为"日、周、月"计划。

首先，日计划是每日及时将错题整理到错题本上，本着"今日事今日毕"原则，让错题不过夜。其次，周计划是每周六对错题进行周总结，把错题答案进行遮挡，将错题再做一遍，将其中再次出错的题目进行重点标红。最后，月计划是月底时，将周检测那些再次做错的题重新做一遍，并对题目类型进行归纳总结。同时，还要进行最重要的一步，即对错题知识点进行回顾复习，补齐在知识体系上的短板。

经过一学期的训练，王喆错题本上记录的错题逐一被攻克，而且错题越来越少了。有一天，他突然发消息给我："老师，我发现做一道错题真的比我盲目地刷新题有效。"

通过一学期的错题复习计划，他的数学成绩突飞猛进。在与他妈妈沟通的过程中，我明显感觉当初那位焦虑的妈妈如今已经轻松了不少。

错题本就像一张处方，既有"症状描述"，还有对症下的药。错题本能帮你迅速定位自己的知识短板，在反复练习中巩固基础知识，避免再犯同样的错误。

下面给大家梳理一下，错题本记录哪些内容会让错题本更有效。

1 做错的题。第一次做错的题，我们就要第一时间将其整理到错题本上，分析做错原因，是马虎还是基础知识不牢。对于马虎的问题，告诫自己下次不要再犯；对于基础知识不牢的问题，要翻书复习，补齐知识短板。

2 不会做的题。这类题考查的知识点是你不会的，也就是对你来说题目太难。这类题更要重点记录，梳理解题思路。

3 重难点题型。重难点题型往往就是一个知识模块的重点，也是考试常考的内容。将重难点题型啃透，在其基础上演变的题型对你来说也就轻松多了。

预习，
学习的"敲门砖"

教师档案

教师姓名：范肖依

教授学科：语文

教育经历：吉林大学硕士，拥有国内外教学经验，参与研发小初教材数十本。

教学风格：一个有追求的教育者，要研教育之道，捕教育契机，赏学生之美，容学生之失，导学生之过，以身作则才能品教育之甘。条理清楚，逻辑清晰，激情洋溢，擅长把复杂的知识拆分成具体的点，并总结答题规律，让学生真正学会举一反三、触类旁通。

为什么要教语文呢？我想，这应该和我的高中语文老师有关。他是一个逗趣无比的老头，阅书无数，还画得一手好画。我至今还清晰地记得他讲《赤壁赋》时的情景：他一边诵读一边用粉笔在黑板上画了幅山水画，洒脱灵动，古韵盎然。这位恩师带我们读完了《简·爱》《呼啸山庄》《红楼梦》等文学作品。那些经典的人物、对话以及老师精彩的解读，都充盈了我的精神世界，引领我走进文学的殿堂。

我特别认同俞敏洪老师说过的一句话："如果教师是积极的、明智的，并具有引导学生的能力，他或她将对学生的未来产生重大影响。"学生就是老师的一面镜子，在学生成长的过程中，老师就是学生的榜样，从学生的身上是可以看到老师的影子的。因此，"研教育之道，捕教育契机，以身作则"便成了我一直践行的教育观。

2014年，我从吉林大学毕业，如愿成为一名语文教师。如今，教师这条路我已走了六年。在教授语文的这些年里，我发现学生们有一个共性的问题：不喜欢或者没有课前预习的习惯。这直接导致部分学生在课堂上表现出对课文内容不熟悉，且没有明确的学习目标，更不用说合理的学习计划与方法了。

曾经有位家长找到我，说她家孩子泽奇不喜欢学校老师讲课，因为老师讲得太快了，根本照顾不到孩子是否掌握了课堂内容，导致孩子非常不喜欢学习语文。我起初一听，猜测可能是那位老师的问题，因为课堂节奏过快，导致孩子跟不上。但当我带过泽奇两节课后，我就发现问题并不在于学校的老师，而是出在孩子身上。泽奇没有课前预习的习惯，这就导致他在有限的课堂时间里，不能很好地跟上老师的节奏。这样长期下来，当堂内容还没消化，下堂课就又开始了，跟不上的内容越来越多，孩子因此就产生了厌学情绪。

在我的课堂上，我的第一要求就是学生们要进行课前预习。如果学习是一场比赛，那么预习就是一种合理的"抢跑"。它能使学生在整个学习过程中领先一步、占得先机，"跑"在其他同学的前面。

对于泽奇，找到了原因就可以有针对性地解决问题了。每学一篇课文之前，我都会给他设置预习清单，将课前预习布置为他的家庭作业，让他对预习重视起来，并且要求他在当天课后，将转天要学的内容按照阅读课文、字词、文学常识、理解课文句子等顺序来完成预习。为了督促他的行动，我会要求他在完成预习后回复消息给我，这时我就会给他布置预习题，提示他要充分利用每篇课文前面的阅读提示，从中找出课文的主题、写法及语言特色。

不只是泽奇，对于所有学生，我都会在课堂上就课前预习内容进行提问，以此来检验大家课前预习的完成情况，并对预习完成得好的学生给予鼓励。我带过泽奇一学期后，他就已经能很好地跟上学校老师的上课节奏了，对学校老师讲解的内容也能更好地吸收了。

对于教师来说，督促学生做好课前预习是一种能够有效提升教学质量的策略。《礼记·中庸》中说："凡事豫则立，不豫则废。"豫就是"预"，指事先的准备，强调无论是做事还是学习，都要提前做好准备，才能事半功倍。

我们常常说别人优秀，却不知所谓的"学霸"都是在厚积薄发。每日写下计划并不难，难在执行与坚持。所以，加油吧，同学们！

对于语文的学习，预习的首要环节就是课文，那么有没有好的课文预习方法呢？给大家介绍一种"三三预习法"。"三三预习法"主要分为"三读"和"三行"两个部分。先说"三读"。

1 初读，读顺文章。初读时要将文章的段落分清，找出生字及读不准的字，解决后续阅读障碍。

2 细读，读懂文章。这一步是阅读的核心，也是预习的关键，具体分为三个步骤：① 朗读，读到顺。② 默读，进行总结与概括。③ 精读，把课文读透。精读就是提问和思考的过程，先带着疑问去阅读课文，再从课文中找答案。

再说"三行"。下面的三步是对照上面的"三读"进行的动作。

第一步，配合"初读"进行，标记陌生词汇与知识点。

第二步，明确课文重点，再一次进行知识的查缺补漏。

第三步，对所预习的知识进行自我提问。自我提问，即带着疑问去课本中找对应的内容。

预习是一种课前自学。如果没有课前认真的预习，学生就会花费更多的时间和精力。只有踏踏实实预习了，才会知道学习的难点、重点是什么，不懂的地方在哪里，从而做到心中有数，这样听讲才能主动，才更容易与教师产生共鸣，形成默契。

课下刷题百道，
不如课上听讲一分

教师档案

教师姓名： 张丰豪（Justin）

绰　　号： 土豪老师

教授学科： 数学

教育及获奖经历： 北京大学学士，新浪全国五星金牌教师，新东方"师王争霸"赛百强名师，北京市专业数独培训师，电视真人秀节目《最强大脑》全国 18 强之一；山东省滨州市高考探花，高考数学 140+；全国高中数学竞赛国家二等奖，全国中学物理竞赛国家二等奖，全国中学化学竞赛国家二等奖，全国中学生物竞赛国家三等奖。

教学风格： 因大巧不工，故细致入微。表面复杂的数学定律，其背后总有简单的生活实例。兴趣是孩子学习最好的导师，对孩子的爱则是其教学路上的指路明灯，用这份爱点燃孩子数学的思维火花，用经验传授应试做题技巧，用最大的耐心去辅导。教授学员 20 万 +，是学生们最喜爱的"土豪老师"。

　　来到新东方后，我收获的第一份礼物就是学生们给我起的绰号。因为喜庆、富态的外表加上我的名字里带个"豪"字，学生们都叫我"土豪老师"。其他老师觉得这个称呼很有趣，也这样叫我，久而久之，这个绰号竟然流传开了。

　　"土豪老师"有件事说出来估计会特别"招人恨"——我其实从小就是那种"别人家的孩子"。平时不会大量刷题，每次考试前也几乎不怎么复习，但总是能考得不错。这并不是因为我天赋异禀，而是得益于我课上所下的功夫——认真听课。

有次上语文课，我自己看完课文后，就和旁边的同学偷偷聊起天来。当时的语文老师特别幽默，看到我们俩开小差，就"批评"我旁边的同学："你还不听课呢，你看看人家张丰豪多精，不会的时候绝对不聊天，都学会了才跟你聊。"老师的话让我们俩都羞愧难当。虽然是开玩笑，但有一点老师说得很对，上课时就应该集中注意力听老师讲课。课堂上的效率保证不了，课下自己多努力地复习也不得法！

我为什么当老师？这源于我的一次支教经历。在大学期间，我毅然加入了北京大学学生会支教团，成了一名光荣的支教老师。因为我始终认为，支教是人生必做的事情之一。当我看到山里孩子们质朴的笑容和对知识渴求的眼神时，我坚信受教育是这些孩子改变命运的唯一机会。通过这次支教经历，我挖掘到了自己内心深处对教育的热爱，坚定了当老师的理想。

毕业后我如愿成为一名老师。第一次讲课，我可以说是战战兢兢，如履薄冰，课堂上并没有出现想象中的师生其乐融融的场景。我发现，家长们都很认可我的课程，觉得干货满满，思路清晰，但学生们却不怎么买账。

通过反复观看、研究自己的上课视频，我终于找到了问题所在。我的学生都是小学生，课程的趣味性比成人认可的逻辑性要重要得多。把课程变得有趣，让孩子们感兴趣，才能逐步让课堂有效率。后来我慢慢在实践中找到了自己的授课风格，比如给每一节课设置一个有趣的主题，通过设置情景激发学生的学习兴趣，今天是穿越主题，明天是魔法主题，后天是侦探主题、竞赛主题……

在这些年的授课实践中，我儿时发现的这条真理被反复印证——课上会听讲的孩子，成绩都不会差。我之前有个学生叫亦姗，她看起来十分文静、乖巧，小小年纪却很有自己的主见。来我班上的时候她上小学五年级，语文和英语都非常好，但数学，用她妈妈的话说，似乎一直"不开窍"。亦姗在班里是班长，自尊心很强，但由于数学成绩很一般，得不到学校数学老师的重视，慢慢地变得不自信起来。她性格很要强，所以自己买了很多数学练习册刷题，甚至请了家教，但也没什么效果。

了解了这位学生的大体情况后，我一开始感到很诧异，认为一个这么乖巧的小女孩，数学成绩不会有多离谱。但上了几次课后，我发现了问题的症结所在。基础差导致她课上不能很好地跟着老师的节奏走，而是一味跟自己较劲。一道题做不出来就陷进去了，虽然这种钻研的精神很值得鼓励，但在课堂上这样较劲则是对课堂时间的浪费。

一次考试后，她考得不太好，我给她视频讲题，问她都听懂了没有，她支支吾吾地说还有两道题没有听懂。我花了十几分钟的时间又给她讲了一遍，在这个一对一的讲解过程中，我发现她其实反应很快，但基础知识有欠缺，且在数学上不自信，有点胆怯，喜欢陷在自己的思路里。于是，我尝试用她比较喜欢的语文和英语来打开她的思路："亦姗，咱们歇一会儿再做题，你能给老师讲讲唐宋八大家都是谁吗？"听到我这样问她，亦姗的眼神突然变得有神起来，绘声绘色地给我讲起苏轼、王安石的诗歌和故事，和她做数学题时的状态完全不一样。我趁热打铁，跟她说道："亦姗，你看，你的语文和英语这么好，老师比你差多了，在这方面我要向你学习。但是老师在数学上还是很有自信的，所以我们都应该学习别人的长处，在课上一定要认真听老师的思路，如果有不会的及时连麦问我，不要自己一个人默默地想。"亦姗给我回复了一个"OK"的表情。

在这之后，我不断地鼓励她大胆说出自己的想法，找到错误的原因。一段时间之后她的进步非常明显，每次课后一有不会的题就主动问我或者辅导老师。

很多学生都有这种错误观念，认为错过了上课时间没关系，只要课下勤奋刻苦地学习，就一定可以取得好成绩，还经常拿"头悬梁，锥刺股"的故事激励自己，但其实效果往往是不理想的。真正的高效学习是"方法＋努力"，缺一不可。而这个方法也就是所谓的"课下刷题百道，不如课上听讲一分"。希望学生们都能学会课上认真听讲，重视课堂上的学习，不要总想着课下再补回来。跟着老师的课堂节奏，沿着老师的点拨思路，课堂学习才会有更好的效果。

我在课堂上会给学生们极大的自由空间，比如我会让学生自己决定每道例题做多长时间，今天讲几道例题等。学生们有了自由，上课的时候听讲更认真了，课后也会像小老师一样分享这节课都学了什么，哪容易出错，怎样避免错误等。

其实课上老师留出思考时间十分重要，但课堂时间宝贵，老师的授课风格差异大，不是每位老师都会这样做。所以，有方法地去听课就显得更加重要，在此分享几条适合小学生的听课方法。

1 无论你的成绩如何，上课时请跟着老师的思路走。课上如果有问题或者收获，可以举手和老师交流。如果老师没有允许你提问，那就先把问题记录搁置，千万不要去问周围的同学或自己把一整节课的时间耗在上面，得不偿失。

2 学会记笔记。用至少两种颜色的笔，对老师讲的重点或自己没明白的点及时标注，课下趁热打铁，该问老师的问老师，该复习的复习。

3 避免走神，课上提醒自己集中注意力，课下务必劳逸结合。有研究表明，大多数人注意力集中的时间平均为 20 分钟，所以小学生走神是在所难免的。但是我们可以稍微调整一下，比如向老师提个问题，避免走神。课下可以休息或者和同学玩耍、聊天，劳逸结合，从而让下节课更加专注。

构建体系，
和物理 24 分说拜拜！

教师档案

教师姓名： 王熙

教授学科： 物理

教育经历： 五年一线教学经验，线上万人大班授课经验，高中物理教材优秀研发员。

教学风格： 可正经可搞笑，课堂气氛活跃，授课逻辑清晰，讲解犀利、幽默且不失严谨。帮助学生快速构建高中物理知识体系，注重学习习惯的养成和学习能力的提升，从根本上帮助学生提升物理学习水平。

　　我相信，成为一名老师，是冥冥中的一种缘分。还没上小学时，同龄的孩子大多喜欢在一起玩打仗的游戏，我却喜欢假装老师给爸爸妈妈讲课，讲一道简单的数学题或教他们背一首古诗。高考报志愿时，家人都认为金融行业更有前景，而且以我的分数也绰绰有余；但我却选择了相对小众的物理专业，遭到了家人的一致反对。最后父母还是拗不过我的坚持，尊重了我的选择。

　　教授学员超万人，从普通教师到新东方在线高中物理项目负责人，我用了五年的时间。虽然是物理学专业出身，但我对物理教学从来没有掉以轻心。

　　五年来，我每一堂课都严格地备课、磨课，努力让自己做到无愧于学生，无愧于自己。同事们戏称我为"明星老师"，其实，只有我自己知道，哪有什么一夜成名，都是千锤百炼而已。

高中物理对我来说并不难，针对高考的革新和每年物理题型的变化，如何让学生们少走弯路，更好地体会出题人的意图，是我一直以来研究的方向。我刷遍了全国近五年来几乎所有城市、地区的真题和模拟题，经常备课、刷题到深夜，第二天又继续上课。

朋友经常笑我："都毕业那么久了，过的还是高考生的苦日子。"但我始终觉得，既然自己选择了成为一名老师，便要努力对得起家长的托付。每当看到学生们期待知识的热忱眼神，我就觉得一切付出都是值得的。

在我看来，物理并不是一门艰深的学科。反之，它是一门来源于生活且十分有趣的学科。把基本知识学好，养成复习的习惯，就足以在考试中取得高分。

还记得之前在北京新东方学校任职时教过的一名学生，他的名字叫一凡，长得高高大大的，但十分腼腆，上课时总喜欢坐在教室的最后一排。来的时候他妈妈特意找到我，说孩子很听话，但物理考试成绩总是不理想，甚至考过24分，家长的焦急溢于言表。

一开始，我以为学生一定是上课没有认真听讲，才会考到那个分数。然而关注了他几节课后，我发现他课上并没有走神，作业也按时完成，笔记也记得十分工整，那到底是哪里出问题了呢？通过几次课和考试，我逐渐发现了一凡的问题，也是很多学生学物理时的通病：

1.一味地只背公式，对于最基本的概念并不了解，也不了解公式是如何推导出来的，即使背下来了，考试的时候依旧不会用；

2.上完一次课后，只完成作业甚至不写作业，更不用说复习。

针对以上问题，在我的班上，我要求自己或学生：

首先，不过度讲做题技巧，而是通过实验及其他直观、浅显易懂的方式让学生了解生活中的物理，让物理这门来源于生活的学科也回归于生活。在讲解知识的逻辑关系中，让学生知道为什么学、怎么学以及怎么用。

其次，给学生灌输"物理很简单，你一定能学好"的信心，鼓励学生进行复习。我让学生们在群内进行复习打卡，由助教老师帮忙统计，打卡累计够一定次数后，获得相应的奖励。学生们参与的积极性都非常高。

针对一凡和几名成绩不理想的学生，我特意嘱咐他们早来10分钟，然后带他们复习一遍上节课的知识点，几次下来，感觉效果很好。由于我的课程安排很紧张，为了这10分钟，我基本上没有休息的时间。他们虽然嘴上不说，但其实心里却十分明白。

一次，一凡对我说："老师，以后我们会自己复习的，您多休息一下吧。"虽然感动于学生们的懂事，但为了让他们养成复习的好习惯，那一学期，我始终坚持早来10分钟带着他们复习，而我逐渐发现，早来的学生居然越来越多了。

在课堂上，我会有意识地让学生们发挥想象力。比如我问大家："如果把一凡同学用不同的力发射到月球上，受力情况的不同会分别出现什么样的结果呢？"学生们听到这种问题都觉得非常有意思，会积极思考并大胆地发言，连平时腼腆的一凡也参与了讨论，话也多了起来。一凡那个学期的期末考试物理考到了70分！虽然不算优秀，但对于他自己来说已经有了很大的进步。

学期末，由于工作调动，我换到了另一个校区上课。在寒假班第一次开课时，一凡和他妈妈竟然早早地出现在教室里。一凡的妈妈说："孩子很内向，极少表达自己的感受，但这次他却主动说，'一定要报王熙老师的课，我第一次知道物理也能这么有趣，也第一次知道了复习竟然这么有效。'"看着一凡和他妈妈真挚的眼神，我感动得说不出话来。对于一个老师来说，有什么比家长的认可和学生的进步更宝贵呢！

我不相信学习是快乐的过程，学习一定会有压力在；但是我会尽我所能，让我的课堂有快乐，有动力，有知识，有进步！

通过这些年的教学经验，我有些建议想和正在为物理发愁的同学们说。

首先，物理是一门来源于生活并十分有意思的学科，千万不要惧怕它。学习时不要只背公式，而是要"知其然，更知其所以然"。平时课上如果有实验，一定要积极动手操作。对平时在生活中遇到的问题要积极思考，比如为什么等地铁的时候不能靠近黄色安全线，并想想怎么用物理知识去解释它，久而久之，你在物理上的进步会让你惊讶。

其次，要注意理清知识脉络，有些前序的知识点在后面的课程中还会反复出现；学会构建物理的知识框架，熟悉、了解相关概念互相之间的推导关系，把所学知识融会贯通。

最后，一定要养成复习的习惯，趁热打铁，而不仅仅是考试前的突击。无论在校内还是校外，课上的时间其实十分有限，需要同学们课后把老师讲授的知识再"咀嚼"一遍，变成自己的，在复习的过程中产生疑问并解决疑问。坚持这样去做，你的物理成绩一定会更上一层楼。

不会做题技巧，
苦学 6 年依旧 0 分！

教师档案

教师姓名：刘力舟

教授学科：小学数学

教育经历：留法人工智能信号图像算法硕士，曾作为算法工程师参与欧盟国家联合项目 Digi-NewB。参与多本教材的编写，对小学数学体系有深入研究，掌握前沿的授课方法，教学经验丰富，累计教授学员 55 万 +。

教学风格：数学功底扎实，表现力一流，教学风格百变，课堂活泼有趣。

"同学们，这个知识点听懂的，在评论区扣 1，不懂的扣 2，非常懂的扣 666。"

这是平时我和学生们的课堂互动，有的学生很调皮，在评论区会扣好多的 66666。我问他们是不是没听明白，学生们在评论区说："听得太明白了，您讲得太清楚啦！"

"呦，你们都挺会呀！"和学生们在一起的日子，我既是老师又是他们的大哥哥。

学生们知道我在法国读的硕士，课间休息时出于好奇，会在评论区问我好多关于法国的事情。这时我就把自己在法国留学期间拍的照片分享给他们，给他们讲一讲法国的风土人情和大学，带他们开阔眼界。

　　我是典型的天秤座，教学上当然也会展现我的星座特质。我从小数学就好，逻辑思维能力很强，因此在我的课堂上，首要培养的便是学生的数学思维能力，用数学思维去思考问题。同时，学习数学除了听懂课，还要会做题，用题目来检验知识的掌握程度。

　　前段时间，新小学二年级的秋季课刚开始，班群里一位妈妈发了张孩子试卷的照片 @ 我，焦急地问："老师，非常抱歉这么晚打扰您，只是我实在太着急了！您看看茜茜期中考试的数学卷子，应用题竟然全错了！平时，我们也没少在数学上下功夫呀，除了老师留的数学作业，我还每天单独给茜茜布置一些刷题的任务，孩子常常要学到晚上十点多，也很认真、刻苦，为啥考试成绩还是这么糟糕呢？老师，您快帮我们想想办法吧！"

　　我放大图片，仔细将试卷从头到尾看了一遍，茜茜前面的选择题、填空题、计算题都没有问题，但一到应用题就错误频出。要知道，应用题在数学试卷中占分最多、难度最大，稍有差错就可能整题扣分。如果学生做错一两道，卷面整体分数就会被拉低很多，更何况茜茜所有的应用题只对了一道！

　　应用题不同于单纯的计算题，它首先考查的是学生的阅读理解能力，也就是读题能力；其次是逻辑思维能力，也就是理顺数字之间的逻辑关系的能力；最后才是计算能力。而如果学生不会读题、抓不到题目的重点、理解不了题意，就没办法列出正确的数学式子，即使计算能力再好，也得不出答案。

茜茜刚上小学二年级，识字量不大，基础知识也不够扎实。针对茜茜的具体情况，我建议茜茜妈妈在辅导茜茜做应用题时，要仔细观察一下她的表现。茜茜妈妈当天晚上就发来了反馈，表示跟茜茜一起重做了一遍考试卷上的应用题。孩子能读题，没有不认识的字词，但对于一些近义词和相对抽象的概念，茜茜总是理解不到位。例如"增加"和"增加到"，"其中""其他""其余"等，这些长得很像，听起来意思也差不多的词语，茜茜根本无法理解其含义上的细微差异。

不能理解题意，自然也就无法捋清数字之间的逻辑关系，考试的时候，有些题目茜茜就随便写了个算式，有些干脆就空着了。可见，茜茜的问题卡在了"关键词"上，找到了"病因"，那就好办了。根据茜茜的情况，我为茜茜量身打造了一个"图解关键词法"，这个方法的整体流程为：

读题→圈出关键词→用逻辑符号或图像标记关键词→确定已知数和未知数→梳理逻辑顺序→列式子→计算结果

这个方法具体该怎么操作呢？我先用茜茜试卷上一的道应用题来做示范：

公交车上原有 20 个人，到站后，先下车 8 人，后上车 5 人，现在车上有多少人？

第一步，读题。我们要帮学生养成反复读题的习惯，遇到不认识的字词或不理解的概念，可以让他们先跳过，在对整个题目有了初步了解后，再回去单独解决陌生字词或概念的问题。

第二步，圈出关键词。什么是关键词？就是能够表明题目中逻辑关系的词语，如表示时间、空间，以及数量增减的词语。例如题中表示时间的"原有""先""后""现在"，表示数量增减的"下车""上车"。

第三步，用逻辑符号或图像标记关键词。我们可以让学生用自己能够理解的符号或图像来标记关键词，例如用向外的箭头表示"数量减少"（对应减法），用向内的箭头表示"数量增加"（对应加法）。

第四步，梳理逻辑顺序。所谓梳理逻辑顺序，就是先找出已知数，再梳理加减顺序，最后用"？"表示所求结果。

第五步，列数学式子，计算结果。按照题目的逻辑顺序，根据已知数和变量，列出式子，经过计算就得出答案了：

$$20-8+5=17$$

当然，应用题中的关键词，不仅仅是简单的"增加"和"减少"。因此我将小学低年级常见的应用题根据逻辑关系分成五类，并将每一类的关键词整理成卡片，配上了对应的图示，以便茜茜更好地理解和使用。

逻辑关系	关键词
变量增加（原始量+变量=结果）	原来、原有、一共有、增加、又、多了
变量减少（原始量-变量=结果）	原来、原有、拿走、卖了、减少、还有
整体与部分（部分1-部分2=全部）	一共、全部、整体、其中、其余、其他
比较问题（较大值-较小值=差值）	比……大、比……小、比……多、比……少
排队问题（从前往后数）	一排、中间、前、后、左、右、第……个

根据这套"图解关键词法"，我和茜茜妈妈紧密配合，分别在课上和课后辅导茜茜，提升她对关键词的"抓取""理解""转化逻辑关系"的能力。不到一星期，茜茜就能自己在读题时，将所有的关键词和图示标记出来，还把自己遇到的一些新的关键词填充到了表格里。趁热打铁，我又将同类关键词的类似题型，按照从简到难的顺序整理成"练习册"，让茜茜在熟练运用"图解关键词法"的基础上，轻松应对所有应用题型。

期末考试刚一出成绩，茜茜妈妈的电话就打来了，电话里这位妈妈开心得像个孩子一样，感激地跟我说："大舟老师，您太神了，用了您的方法，茜茜这次数学考试得了满分，这是她第一次得 100 分，而且她现在写数学作业，都不用我辅导了，自己完全能搞定！"

"授人以鱼不如授人以渔"，作为老师，我们教学生知识的同时，更要教他们科学高效的学习方法，再引导他们利用方法，举一反三，建立自己思维迁移的模式，最终培养学生自主学习、独立思考的能力。学生掌握了学习的窍门，会更加轻松地将知识内化于心。

其实在小低年级学生数学过程中，我发现大多数家长寻求帮助的点就是自己的孩子不会做应用题。下面我就根据教学经验为大家分析几点原因，大家可以根据原因有针对性地解决。

1 阅读能力差，存在识字障碍。由于学生年龄小，字词量掌握不够，学生读题时，会遇到不认识的字或者不理解的概念、句子。

2 能完整读题，但自己用语言表达不出来。一个学生读题后，能用自己的语言表述题意，将题目解读出来，那么这道题对于他来说已经做出了一大半。如若不能，说明他没有真正地读懂题目。

3 搞不清数量关系，读不懂关键词。如果对题目中出现的关键词，例如"增加、比……多、少于……"等理解不透彻，学生就很难理清应用题中的变量和关系。

4 数学表达式掌握不扎实。是否能用数学式子表达逻辑关系，是检验学生数学基础知识掌握程度的关键。不会列基础表达式会成为做应用题时最大的障碍。

5 不会举一反三。相似类型的题目，换种表达，是否又不会做了呢？有些学生不会举一反三，只是解决了一道题，如果换一道题，变个形，问题就又暴露出来了。

清华学姐不外传的
记忆大法

教师档案

教师姓名：马凤娇

教授学科：小学英语

绰　号：饺子老师

教育经历：毕业于清华大学心理学专业，吉林省高考文科全省第三名。"英语扫盲人，学霸制造机"，负责小学课程体系研发，熟悉小学阶段和小初衔接重点知识。

教学风格：快乐教英语，鼓励动脑思考，寓教于乐，善于激发学生对英语的学习兴趣，因为兴趣是学习的重要内驱力。

毕业于清华大学心理学专业，有人说这是中国最好的学府。

吉林省高考文科第三名，有人说我是天之骄子。

我是饺子老师，新东方在线小学英语教师。

比起我的各种"学霸"头衔，我更喜欢大家叫我"饺子老师"，这样我可以很好地和孩子们拉近距离。在课堂上我不是高高在上的知识传递者，而是孩子们的大朋友。我不仅懂教学，更懂孩子们的心理。

孩子们在小学阶段的学习，最难解决的就是遗忘问题。在课堂上都听懂了，可是下课玩几个小时后就忘记了。如果课后不复习，等第二天上课时，恐怕很多人都把上节课讲了什么抛到脑后了。

很多家长都在问："那么就没办法解决孩子的遗忘问题吗？"其实遗忘是正常的生理现象，每个人都会遗忘，我们能做的就是巩固记忆，减少遗忘。

新学期第一节网课，我就给全班同学带来了一份特殊的"见面礼"——词汇量测试！我一方面想让孩子们收收心，快速进入学习状态；另一方面也想检测一下，看看大家在假期期间是否在持续学习英语。

测试结束后，评论区立刻就"炸"了！

"老师，你太不厚道了，刚开学就当头一棒！"

"这些单词好像从来没学过一样，我是失忆了吗？"

"单词啊单词，明明就在嘴边，为啥我死活都想不起来了？"

"上学期那么刻苦地背单词，现在全忘光了！哭 ing ！"

"老师，快教我们一个过目不忘的魔法吧，不然这么多单词，我们怎么记得住啊！"

……

看着这些评论，真是让人又好气又好笑！为什么孩子们能记住动画片，却记不住老师教的知识呢？有没有什么方法能提升他们的记忆力？怎样才能让辛苦学来的知识不被遗忘呢？

早在 1885 年，德国心理学家艾宾浩斯经过大量研究，就已经发现了记忆和遗忘的规律，并描绘出了记忆遗忘曲线，后人把这条曲线称为"艾宾浩斯遗忘曲线"。

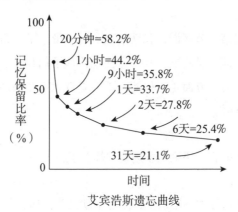

艾宾浩斯遗忘曲线

这条曲线告诉我们，人的遗忘是有规律的，遗忘的过程并不是一个均衡的过程。在初始记忆阶段，人的遗忘速度最快，之后就会减速，而过了相当长的时间后，几乎就不会再遗忘了。只要掌握了遗忘规律，就找到了巩固记忆的节点。

这就是在告诉我们，在一天的学习之后，如果不抓紧复习，就会损失大量的知识。了解了记忆和遗忘的原理之后，我在课堂上让孩子们做了以下三件事：

1. 课堂上认真听讲，将知识输入大脑。

孩子们在课堂上的第一要务就是认真听讲，集中注意力将知识进行吸收。而根据艾宾浩斯曲线得出的结论之一便是：无意义的、不理解的内容最容易被遗忘。

于是，我将新学期所有单词都配上了图示，做成卡片，还将包含较多高频词汇的英文电影或动画片剪成小短片，将需要学习的单词在影片中标记出来，让孩子们通过调动视觉、听觉等多方位感官来学习英语，更具象地理解单词，加深印象。

2. 及时复习，巩固记忆。

要想抵抗遗忘，孩子们的第一动作就是要及时地进行课后复习，而且还要反复地巩固。根据这学期的知识内容，我为孩子们制订了一个单词复习计划表，将这学期要学的高频词汇整理出来，结合艾宾浩斯遗忘曲线原理，让他们在特定的时间复习对应的单词和知识点。

具体操作如下：每天学习 20 个新单词，随后在当天晚上、第 2 天、第 3 天、第 5 天、第 8 天、第 16 天进行复习。第 2 天学习的新单词，要在第 2 天、第 3 天、第 6 天、第 9 天、第 17 天进行复习，以此类推，每复习完一次，在长期记忆表格对应的数字位置打"√"。这样我们就在一定程度上抵抗了遗忘的频率。

3. 多思考、勤使用。

这是解决如何将单词永远放在记忆"储物间"中的一个好方法。一个知识点，越是能调动孩子们动脑思考，留下的印象越深刻；越是被孩子们反复拿出来使用，则记忆得越长久。

在孩子们将这套方法尝试了整整一个月后，他们的单词量测试的成绩已经从原来的平均 65 分上升到了平均 87 分！其实，不只是记单词，识字、背古诗、背课文、记公式、记定义等，都可以用这样的学习法，利用"记忆遗忘规律原理＋复习规划表"来进行复习、记忆。只有掌握了科学的学习方法，孩子们的学习才能真正实现轻松、高效。

学习提示

英语学习除了抵抗遗忘，还有几个要点需要大家做到。

1 背单词，积累词汇。这是英语学习的地基，单词要结合遗忘曲线进行反复记忆、规律记忆。单词量多了，小学阶段的英语就可以搞定一半了。

2 重复习，提高使用率。英语学习需勤复习，增加其使用率，在不断强化中增加语感。例如，可以在日常生活中与同学进行英文对话；将家里常见的东西贴上英语标签，在家居日常环境中进行单词记忆；每日进行英语听力练习……这些行动都有益于英语的学习。

3 坚持读写训练。小学阶段的学生从打基础开始就要增强英语读写训练。比如背诵课文，并进行听力默写，这样能一面增强单词的记忆，一面增强写作能力。

别再被骗了！
阅读量大 ≠ 阅读力

教师档案

教师姓名： 刘贞

绰　　号： 贞贞老师

教授学科： 语文

教育经历： 中国人民大学硕士，央广网明星教师，新东方集团优秀教师，新东方在线小学语文高级师训主管。在短视频平台上免费分享知识，粉丝近 100 万。

教学风格： 风趣幽默，"玩"转语文课堂，让语文在学习与思考中迸发力量；语文学习不是死记硬背，语文可以在"玩"中学，在学中思，在思中求进。

双鱼座，热情靠谱、喜欢哲思。我叫刘贞，以上课为乐，更为学生能在我的课堂收获知识而感到骄傲。在我的课堂上，我最为看重的是培养学生的阅读和写作能力，让学生在做对题的同时，更具情怀，写作更有见地，这也是我的课堂目标。

我今天要说的是"阅读力"。何为阅读力？不管在我的课堂上，还是讲座中，我为什么总是强调这种能力呢？国际学生评估项目（PISA）将阅读能力定义为："理解、运用和反思书面文字的能力，旨在达至个人目的、发展个人知识及潜能，并能参与社会。"阅读力对于学生来说，不只是学好语文的基础能力，更是一个人是否能够很好地参与社会活动的评判标准。

很多人说，学生还这么小，为何要这么早培养他的"社会性"？你一名小学语文老师不是瞎操心吗？每当听见这种声音，我就特别焦虑与难过，因为这一部分人还没有认识到阅读力对于学生未来成长的重要性。他们也没有认识到，阅读力是要从小培养的，错过孩子阅读力培养的黄金期，就相当于斩断孩子的一只翅膀。而以后想要补齐阅读这个能力短板，真的太难了。

我最初注意到家悦是在六年级的课堂上。在家悦连麦为同学朗读课文时，她的声音不是断断续续、停停顿顿，就是落字少词。我的第一反应是，孩子可能有些紧张，慢慢就会好了。而之后的两次连麦，仍是这种情况，我查看了她的课后作业，发现家悦不只是课文读得略差些，阅读理解题做得也很糟糕。

家悦妈妈说，书籍没少买，故事没少讲，但是孩子非常排斥自主阅读的过程，连翻书都不愿意。听故事可以，但是只要让她开口讲故事，就会出现结巴、思维混乱、口齿不清等状况。在沟通中，家悦妈妈说得最多的一句就是"孩子做题马虎，如果不马虎，其他科成绩也能不错"。家悦的阅读力有些差，果不其然她的其他科目也是中等水平，妈妈只抱怨孩子做题马虎，却不知道问题的根源在于阅读力。尤其在语文成为越来越重要的基础学科后，孩子的阅读力就成了学习理解其他学科的基础能力。

我跟家悦妈妈分析了孩子做题马虎的原因，可能是因为孩子的阅读力有些欠缺，这时家长才恍然大悟。在信息时代，一个缺乏阅读能力的人，很可能就是一个功能性的文盲。阅读是搜集和处理信息、认识世界、发展思维、获得审美体验的重要途径。阅读能力不是天生的，也不是一下就能形成的，它是在长期的阅读实践中逐步建立起来的。

想要解决家悦的阅读问题，不能急功近利。我给家悦整理了一份阅读书单，要求她从这些书里，每日有声朗读一篇自己感兴趣的章节，发到我和她父母建立的微信群里，并坚持每天在微信群进行阅读打卡。

我还要求家悦对喜欢的章节和故事进行复述和总结，用笔记录阅读的感想。她刚开始很抗拒，总是敷衍了事，总结的笔记字迹也是歪歪扭扭，只有寥寥几个字。虽然孩子表现出抗拒的情绪，但我和家悦的父母还是为孩子迈出的第一步点赞。不过我发现家悦对我和她父母的鼓励并不"买账"。

正巧，还有两个小朋友的阅读力也需要训练，我把他们三个以及他们的家长拉进一个群内，方便我每日给他们布置作业。没想到这一误打误撞的行为，却让家悦的学习劲"抖擞"起来。

原来，群内其他两个小朋友由于作业比家悦做得出色，得到了其他家长的表扬，这一举动"刺激"了家悦，激起了她的好胜心，势必要跟其他小朋友比个高下，作业早交了不说，还越来越认真了。也正是这份小小的斗志，让家悦的阅读打卡坚持了一年多。她的语言表达能力、文章朗读能力、信息摘取能力都得到了很大的提升，最后在小升初考试时，取得了不错的成绩。

阅读优质书籍，从阅读中汲取智慧，倾听多种声音，不会让自己陷入狭隘的偏执中，正如教育专家尹建莉所说："阅读多的孩子，不仅在思想上更成熟，在价值观上也更完善，同时他会有自己的独立见解，很少会陷入盲从和愚蠢。他从阅读中获得的，不仅是心灵的滋养，也是心理上的力量。"

随着"大语文"时代的来临，阅读将会成为语文学习甚至各科学习的重中之重。未来，得语文者得天下；而得阅读者，得语文。

针对阅读能力薄弱的孩子，我们第一步就是要培养孩子的阅读习惯，正所谓"习惯决定行为，行为反映性格，性格决定命运"，足见习惯的重要性。想要培养孩子的阅读习惯，可以引导孩子做到以下几点。

1 每日定时阅读打卡。可以带着孩子在朋友圈和家庭群内进行打卡，父母要起到监督的作用。

2 多阅读与勤动笔。阅读的另一个伙伴便是记笔记，可以在笔记上摘抄经典，供反复学习。

3 实践与交流。与家长、同学沟通阅读心得，"一千个读者眼中有一千个哈姆雷特"，在交流中体会文章的内涵，拓展阅读视角。

其次，在日常生活中，家长可以带着孩子去体验生活，培养孩子对生活和自然景象的观察能力，引导孩子进行思考。在亲身实践中所产生的思考，往往是最深刻的。

最后，各位家长们要知道，阅读能力的提升不会一蹴而就，也不取决于孩子识字的多少，而是与孩子的观察能力、生活经历和思维方式都有关系，需要循序渐进地培养。阅读能力的练习切忌三天打鱼，两天晒网。

为什么，我拼尽全力
还是考不到高分？

教师档案

教师姓名：程文

教授学科：英语

教研教龄：七年

教育经历：英国华威大学硕士，曾在美国哥伦比亚大学教师学院研修，新东方在线高中英语教研主管。新东方集团优秀教师，七年一线高考教学经验，面授学员万余人，网授学员 20 万 +。

教学风格：学习就是不断攻克一个个难关的过程，我们的任务就是找到问题，制订解决问题的方案，有的放矢地将难题逐一击破。

我叫程文，是一名从教七年的高中英语老师。这七年来，我陪着很多学生走过了他们的高中生涯，也看到很多优秀的学生走进了心仪的大学。这也是教师这份工作带给我的幸福感和荣誉感。

高中是人生中非常关键的阶段，不少学生在这个阶段都面临着不小的压力。有一类学生，每天起早贪黑地读书，但成绩总是提不上去，于是心理压力越来越大。作为老师，我特别能够理解学生在这个时候心理上承受的压力。其实，学习也是一件有技巧的事情，只有按计划安排学习，才能够达到事半功倍的效果。

我有一位学生叫艾琳，她平时学习非常用功，但成绩一直维持在中等水平。每次英语课上，我都看到艾琳在认真做笔记，书包里还装了不少英语课外辅导书。但是艾琳的英语成绩一直在中等水平徘徊，每次成绩出来，看得出来她都很失望。

后来，有一次我和艾琳妈妈沟通时，艾琳妈妈抱怨说："艾琳这个孩子在家学习时总是东翻翻西看看，一个晚上下来，语文、数学、英语全部都翻个遍，看起来过得很充实，其实一晚上一个知识点都没有复习完。"听了艾琳妈妈的话后，我又单独找艾琳聊了聊。她说："我每天学习的时候，先做数学题，突然想到明天还有英语小测试，英语单词还没背，就赶紧去背单词，背着单词又想起还有几章英语语法没复习，心里越来越慌。"

听完艾琳的话，我基本上就知道她主要的问题了——学习没有计划性。当不同学科的学习任务同时涌过来的时候，她就有些不知所措了，不知道该先着手哪个，导致无法静下心来学习。所以，尽管艾琳每天都非常用功，但学习效率并不高，成绩自然也就一直提不上去。

知道了问题的症结所在，作为英语老师，我决定从英语科目入手，帮助艾琳制订英语学习计划。首先，我找来艾琳最近一次英语测验的试卷，发现她的薄弱点其实很明显：一是单词记不牢，所以出现不少拼写错误，丢分不少，再加上词汇量不够，写作部分的词汇表达不够丰富，也拉低了作文的评分；二是语法不熟悉，这在阅读题里表现得尤为明显，简单的阅读题还好，一旦一个句子里有了宾语从句、定语从句等复杂句式，艾琳理解起来就有些困难。

词汇是学习英文的基础，大部分人背单词时背了就忘，所以需要不断重复记忆。艾琳以前的习惯是想起来了就背一会，有时候一个星期背一次，下个星期一看，全都忘了。

其次，针对这些问题，我根据艾琳平时的习惯，结合即将到来的期中考试，我和她一起制订了一个期中复习的学习计划。比如，每天早晨起来花半小时背一节课单词，周末做个小测试，把没有记住的单词单独列出来，放到下周继续背，记住的单词一周后再过一遍。这样到期中考试前，单词基本上就全部都背完了。至少有 80% 以上的单词，艾琳都能做到拼写无误。

除了单词，在语法方面，我根据平时每次小测验的考试重点，在每次小测验前都帮艾琳把复杂的语法句式做拆解。每次通过拆解读懂一个复杂长句后，我又让她倒推，通过"组装"的方式，自己试着写一个长句式。通过这种方法，艾琳一两个星期就能够掌握一个复杂句式，还能做到举一反三，运用到英语作文的表达中。

这套学习计划在英语学习上效果还蛮好的。期中考试后，艾琳的英语成绩有了很明显的提升。其实更重要的是，有了这种做学习计划的意识后，艾琳很快把这套方法用到其他学科的学习上。每天的学习都有目的性之后，艾琳很少把时间花在焦虑和纠结上，每天都按计划专注于解决一个问题，其他科目的成绩也有了显著的提升。

学习其实就是一个不断去攻克难关的过程。很多学生在这个过程中会很焦虑，有时候可能是并不知道自己真正的症结所在，也可能是因为感觉自身问题很多，不知道该怎么着手，从而被焦虑和挫败的情绪主导。所以，老师的角色不仅在于传授知识，还在于帮助学生发现问题，和他们一起找到解决问题的方法。

英语学习是一项长期的任务。很多人会发现，一段时间不接触英语就会"手生"，所以我们需要制订一个长期的计划。在制订计划的时候，需要注意以下几点。

1 确定自己的薄弱点，有的放矢，逐一攻破。在制订计划之前，要先搞清楚自己需要解决的问题究竟是什么，这样才能有针对性地制订方案。如果不知道的话，拿出自己平时英语考试的试卷，查看一下自己哪些地方丢分最多。比如有的同学作文扣分多，这可能是由于语法错误，或者是拼写错误比较多，也有可能是因为词汇量不够丰富。知道了问题所在，就能有的放矢，逐一攻破。

2 制订计划不等于简单地罗列任务项。我有时候会发现，有的同学也会制订计划，但是仅仅只是简单地列几项任务，比如今天要做哪几件事。这种方式有记流水账之嫌。好的计划要循序渐进，并且有阶段性的目标。比如我的目标是期末考试英语成绩提高 15 分，那么做计划就要从这个目标倒推，从制订计划到期末考试这段时间里，把 15 分的任务进行拆解，从词汇、语法、写作等几个方面提升，然后制订相应的计划。

3 单科计划要和其他科目计划相配合。高考考查的是大家的综合能力，所以同学们每一科都要均衡、全面发展。在制订计划的时候，要综合考虑自己每一科的情况。一些提升空间大的科目，就可以有针对性地多花点时间；如果有些方面或者科目是需要较长时间才能有显著提高的，比如英语写作或者物理科目，短期突击很难有明显的提升，那么就需要做长期的学习和提升计划。

孩子，
让我成为你的点火者

教师档案

教师姓名： 孙楚涵

教授学科： 英语

教育经历： 浙江卫视特邀讲师，小学英语教育专家，专注于小学课程教学，授课人数达 10 万 +。

教学风格： 趣味十足玩转英语，课堂生动活泼，才艺丰富，让孩子增加英语知识的同时，感受文化的熏陶。英语功底扎实，擅长TPR（Total Physical Response）教学法、情景教学法。曾教授自然拼读、国际音标、新概念等课程，一口标准的美音带给学员沉浸式的课堂体验。

这世上除了父母，老师可能就是对孩子成长影响最大的人了，老师的坚持和爱可以拯救陷入绝望的孩子。我一直坚信一名好老师在点亮学生的同时，亦在照亮自己。在教学的过程中，我不断地学习如何与学生打交道，如何将知识以最有效的方法传递给学生，如何走进他们的内心，去解决那些学习和成长路上的小问题。

一年前，在春季班的英语课上，我第一次线上连麦梓墨。还记得那个时候，她静静的，眼神怯怯的，总是躲避我的目光。我试图和她说更多的话，但她很不愿意吱声，即使说话每次声音也都很小，英语的发音也不标准，这让做老师的我感觉有些挫败。

与梓墨妈妈电话沟通后得知，这个孩子性格内向，胆子小，很少主动与人沟通。为了让她变得大胆些，我在课堂上抛出一些简单的问题，鼓励她连麦回答，但是她却很少照做，这无疑让我挫败感激增。一时间，孩子的不配合让我犯了难。

一次偶然的机会，我在图书馆阅读了《朗读手册》一书，书中说："朗读可以激发激情，提升自信心，反复朗读可以增加孩子的胆量，使孩子变得大气、大方。"用朗读敲开自信之门，这会不会是一个突破口呢？于是，我在班级的微信群中，设立了"我是小小英语朗读家"的活动，每周举行一次。

我为孩子们精心挑选了一些英语朗读文章，并制订了朗读打卡计划，要求孩子们将自己录制的朗读视频发布到群中。这个时候我就发现，梓墨经常是迟迟不交作业的那一个。

有一次，我精心挑选了一篇童话故事，私信梓墨说："梓墨，你的声音很好听哦，老师很喜欢。我想请你用英文朗读一段录制下来，放到网络上，这样很多人都能看见，大家都会为你点赞的。"

怕梓墨第一次不知道如何录制，我便将稿子试读了一遍录制成视频发给她，并询问梓墨妈妈孩子的朗读情况。妈妈的反馈是孩子好像并不在意朗读这件事，因为没有看见过孩子在他们面前进行朗读练习。这个反馈仿佛是一盆冷水向我浇了过来，我开始思考怎么才能让孩子参与到我的活动中来。在制作课堂 PPT 时，我忽然想起自己还会视频剪辑技术，我何不把大家的朗读视频剪辑到一起呢？

说做就做，我将其他同学的朗读视频进行了剪辑，并在视频的结尾加入班级名单和孩子们的照片，配上音乐，制作成了一个朗读合集。我将这个视频合集发给梓墨，对她说："梓墨你看，咱班同学多棒哦，他们录制的朗读视频被好多人点赞了呢！你的声音好好听，要加油哦，快快加入我们。"

后来听梓墨妈妈说，孩子捧着手机看了好多遍视频，特别认真。她还发现梓墨在屋子里偷偷地练习朗读。这一反馈让我很激动，说明我迈出了走向孩子的第一步。

终于又到了一周英语朗读时间，这次梓墨如约交了作业，这无疑让我很激动。虽然朗读时还有些拘谨，发音还欠缺很多，但也是莫大的进步了。我当即在课堂上将同学们的朗读成果进行展示，并为梓墨颁发了"朗读进步小达人"奖，还在课堂上连线表扬了梓墨。

在征得家长们同意的情况下，我将剪辑好的视频合集放在了班级群中。家长们纷纷在视频下面点赞，说孩子们英文说得真好。

那天，梓墨主动给我发了一条信息："老师，你好厉害呀，这个视频我好喜欢。"孩子的肯定让我激动了好几天，也就是这次之后，在我的课堂上，那个怯生生的小女孩变得自信起来，回答问题特别积极。

蔡元培先生说过："教育的艺术不在传授，而在鼓舞和唤醒。"英文朗读让内向的学生敢于表达，听见自己的声音，认识自我，获得被认可的成就感，同时还能提升英语口语的表达能力，不失为激励学生走向自信的小妙招。

随着梓墨的加入，每周的群内英语朗读活动便成了我们班的传统。每一位孩子都自信地开口说英语，朗读自己喜欢的故事。孩子们还常常自己编写英语童话，朗读自己的作品。同时，作为一名老师，我会在孩子的故事中去关注他的情绪、情感的变化，从而更好地与他们进行平等的交流与沟通。

作为一位教育工作者，在这里，我有一些建议给孩子性格内向的家长们。

1 多关注孩子的情绪、情感变化，和他们平等地交流和沟通。每个孩子都需要关注，特别是性格内向的孩子。他们相对来说更缺乏安全感，更敏感、脆弱，受到外界刺激常常会萦怀在心，思虑颇多，痛苦纠结。他们更希望得到支持与理解，每一句鼓励的话语，都会让他们信心倍增。只有平等交流，孩子才能敞开心扉，大胆地发表自己的见解，学会与人沟通，逐渐变得开朗。

2 别给孩子贴上负面的标签，教他们如何做自己。很多内向的孩子都对自己内向的性格感到自卑，这很大程度上是因为小时候被贴上了负面标签。标签会给孩子非常强的心理暗示，孩子的表现会随着这些负面标签出现偏差，久而久之，孩子可能会直接给自己下定义，认为"我就是胆小内向，不愿意和人打交道"。贴上一个负面标签只是一瞬间的事情，但可能伴随孩子一生。

3 鼓励孩子大胆尝试，勇于竞争，参与挑战。自信心是促使人奋发向上的内部动力。自信心强的孩子积极、乐观、豁达，勇于尝试新事物，喜欢与别人交往，从不轻视自己。反之，孩子如果缺乏自信心，缺乏上进的勇气，遇事就容易悲观，总是感觉"我不行""我什么都做不好"，往往会表现出被动、抑郁和孤独的倾向。

我们要善于发现孩子的长处和优点，给予孩子及时的肯定和赞美，使他们增强自我肯定的能力。平时多给孩子提供参与和表现的机会，给予孩子最大的信任，并提供有效的指导和实际的帮助，让他们体验成功的快乐，从而产生自信、向上的力量。

在家学习靠自律，
也讲技巧

教师档案

教师姓名： 杨悦（Dimon）

教授学科： 数学

教育经历： 香港大学硕士，七年教学经验，累计教授学员 30 万 +。

教学风格： 能把数学知识点写成歌的中华小曲库。功底深厚、逻辑为王，欢乐、接地气的授课风格与独创的教法，以解决学习问题为出发点，擅长教学生用科学的方法高效地学习数学。

"你们知道什么样的小朋友才会获得我的礼物吗？"我在屏幕上写了一个"聪"字。评论区纷纷刷起了弹幕：

"聪明的小朋友"

"成绩好的小朋友"

"听话的小朋友"

"题全都做对的小朋友"

"评论区的小朋友你们猜得还不太对哦。大家来看看这个字，'聪'的左边是一个耳朵的耳，这就需要大家上课认真听；右边还有一个口，这就需要大家动嘴说；下面是个心字，需要大家上课用心想。只有做到这三点的小朋友，老师才会送礼物哦。"

评论区又是一片举手的表情包。

这就是我上课的日常，同学们都喜欢叫我呆萌老师。除了会送小朋友礼物外，我还是一个多才多艺的老师，我擅长将数学知识点写成歌，并被孩子们赠送外号"中华小曲库"。

我今天要给大家讲一讲学习规划的重要性。《礼记·中庸》中说："凡事豫则立，不豫则废。"这句话是在教导我们，在开始新学期的学习之前，一定要先制订好学习计划，然后认真地将它执行下去，这样才有可能获得理想的成绩。

2020 年这场疫情，打乱了很多孩子的生活节奏和学业规划。今年 3 月初，我就收到了一位二年级学生家长的微信："Dimon 老师，小雪最近在学业上出了点问题，你能帮帮我吗？给我点建议吧！"

小雪是我数学思维课的学生，看她平时学习挺认真的，学习成绩也不错，会出现什么问题呢？随后小雪妈妈在微信里告诉我：

"疫情期间，小雪一直在家上网课，一开始还好，就跟在学校时一样按部就班地学习，我们也很少去房间里看着她。可是最近，这孩子总是开小差，学习的时候一会儿吃零食，一会儿喝饮料，还要听着音乐。最可气的是，有一次她上网课的时候，我进她房间放衣服，结果发现，这孩子根本就没有好好听老师讲课，而是把上课的屏幕缩小，偷偷在玩游戏呢！气得我跟她大吵了一架！

"从那以后，她就总是把房间门反锁，也不知道她在房间里都干些什么！现在没有了学校和老师的约束管理，作业都不好好写了。还不知道什么时候能真正开学，我都快急死了！老师，你有没有什么办法啊？"

其实，疫情期间，像小雪这种情况的孩子，我遇到了不少。这些孩子平时都很乖巧听话，也能按时完成作业，成绩通常在中等上下。可是一脱离了学校的环境，没有了老师指导和监督，这些孩子就会因为缺少目标和计划而变得自由散漫，学习效率和学习效果自然会大打折扣。

所以，想解决小雪的问题，我们首先要为跟她设定一个合理的学习目标，再制订一份科学的学习计划，然后利用一些简单有效的工具，让她能够自主地、一丝不苟地执行学习计划。这样才能逐渐改变她自由散漫的状态，提升学习效率，进而取得理想的成绩。

简单来说，一个合理的"好目标"就是指具体的、可计量的、现实的、有行动计划和时间限制的目标。举个例子，对于一个小学生，如果我给他布置的任务是每天写一页算术题，那这个任务对他来说太过简单，形成不了挑战；但如果我布置的任务是每天做完十套中考数学真题试卷，那么这个任务又太苛刻了，孩子完成不了会产生抵触情绪。因此，一个合理的学习目标既不能太简单，也不能太难，要让孩子觉得自己有信心能够完成，却又需要踮起脚、使使劲才能完成。所以，安排一系列恰当的任务，可以激发孩子的斗志，保持孩子持续做下去的兴趣。只有积极性提高了，孩子完成任务的效率才会相应提高。

设定好了学习目标，下一步就是制订一份详细的、可操作的学习计划。将学习目标分解到每个月、每周、每天，再将小雪每天要完成的学习内容按照时间规划一条条落实在表格里。她只要每天按照既定的计划去执行，就可以完成过往数学内容的复习。

不过，即使目标设定得再好、计划制订得再详细，但如果孩子没有执行力，不能持之以恒地将计划的每一步落实到行动上，那到最后也只是一场空谈。怎样才能保证学习计划按质按量地完成呢？

"工欲善其事，必先利其器"，但你以为低年级的"小豆包"都很听话吗？并不！为了让小雪将学习计划执行下去，我为她定制了一份执行计划表和一套奖励机制。一份有趣的执行计划表可以让孩子记录每天任务的完成情况，让孩子清晰地知道自己现在进行到计划中的哪一步了；而适当的奖励可以激发孩子的斗志，让学习不再那么枯燥无味。

我为小雪绘制了一份"小猪执行表"，每完成一天的任务，就将对应的日子涂上颜色，这样完成一个月的任务时，一只完整的彩色小猪就能呈现出来了。小雪可以拿着这张执行表到妈妈那里换取奖励！而奖励机制也是我和小雪一起商议制订的：小雪可以自己选定几个想要的奖励，将其做成小卡片。每个月完成任务时，可以到妈妈那里选取一张奖励卡片，妈妈会实现她卡片上的愿望（也可以按周换取奖励）。

不过，这些奖励也是有限制的，首先要在不离开小区范围就能实现（毕竟特殊时期）；其次成本不能太高，不能占用妈妈过多的时间，不能增添妈妈的劳动负担等。小雪给自己设定的奖励是"吃一个大大的冰激凌""看动画电影""一家人在一起玩游戏"，诸如此类。这个小家伙知道我会唱歌，只要学习有进步，便会要求我唱一首歌给她听。这对于我来说是何乐而不为的事情，只要孩子能进步，"中华小曲库"随时在线。

就这样，在我们共同设定的"合理的目标"下，小雪每天按照数学复习计划表和执行计划表一丝不苟地执行任务，她学习的自主性和规划性很快就提升了。我和小雪妈妈则负责按周、按月验收小雪的复习成果，并且说话算话，给孩子她想要的阶段性奖励。

低年级的知识点特别好拾起来，没过多久，小雪兴奋地跟我微信视频，说她数学考了有史以来的最高分，还得到学校老师的表扬！

很多家长并不太注重孩子小学阶段的学习，认为小学时期孩子还不太懂事，那些知识点等孩了大一些的时候自然就全掌握了。下面我就给大家说一说小学阶段孩子学习的"坎"在哪里。

我相信很多家长听过"三年级现象"。许多孩子在三年级的时候出现成绩下滑、学习状态低迷的现象。一二年级的时候，孩子成绩明明很好，一到三年级就下滑，孩子变得让人不省心了，还会跟家长顶嘴了……这主要是由于在三年级时，孩子的学习内容与结构发生了很大的变化，知识内容变多，考试内容出现除课本以外的知识扩展。这个时候孩子一时间适应不了，如果放任不管的话，就会出现学习跟不上、情绪变焦躁的现象。

但是各位家长也要知道，小低阶段亦是培养孩子学习习惯、能力养成的最佳时期，对于自控能力不足的孩子，此刻就要培养其自控力，可以使用我们前面提到的设定学习目标和执行计划表等方法和工具。此外，还要培养孩子的探索精神，而不是遇到难题就退缩了，要鼓励孩子去找方法。而对于探索精神的培养，家长要注意一点，就是由易到难。孩子只有体会到入门的快乐与成就感，才能在后续的探索中消除对"难"的恐惧。

不会审题！
作文小心考 0 分

教师档案

教师姓名： 林雪

教授学科： 语文

教育经历： 新东方在线小学语文明星教师，新东方在线双师教学培训师，小低教学主管，新东方"百日行动派"打卡活动优秀团队获奖老师，累计教授学员 50 万 +。

教学风格： 授课风格亲切温和，倡导"口诀式"教学和快乐学语文，善用"方法"让孩子爱上语文，让孩子笑着学好语文。

"小雪老师，孩子被你读的文章感动哭了。"

"我家宝'六一'还表演节目了，现在孩子自信心爆棚。"

"我家孩子现在一出门，看见风景，就会用笔写上那么几行，作为写作素材。"

作为一名老师，最开心、最自豪的事就是得到家长的肯定。在我的世界里，教书这件事比天大。我相信"十年树木，百年树人"，每个孩子就好像是一张白纸，从小养成良好的学习习惯，才会为他们今后的学习奠定坚实的基础。

虽然小学阶段只是孩子漫长求学生涯的开始，但这个阶段的老师可以对孩子的一生产生影响。在学习这件事上，只有孩子真正接受了，才能说明你的方法是对的。

　　小樱是我曾经教过的一位学生，平时上课听讲很认真，可每次考试成绩却总是不理想。我一开始以为是孩子刚进入小学，还不能适应学校考试；可到了二年级，小樱的考试成绩越来越差，语文期末测试只考了72分。成绩出来后，小樱的妈妈联系到了我。

　　和小樱妈妈沟通后我才知道，每次考完试，小樱都会说自己那些错题其实都会做，就是考试时没看清题目，或者抄错了答案，都是因为自己粗心。家长一听只是因为粗心，也就放下心头忧虑，感觉粗心是人之常情，只要题目会做就行。

　　了解了小樱的情况后，我对小樱妈妈说："小樱妈妈，孩子每次考试成绩不理想，一讲就会，再做还是错，这可不仅仅是粗心的问题。就拿语文考试来说，最后一题是作文，试卷要求学生根据给出的材料写一篇记事文，小樱没看清楚题目，编了个故事，所以跑题了，40分的作文只得了18分。还有阅读训练的第二小题点标点，小樱看漏了题，根本没答，一下就丢了5分。从这些问题中明显可以看出，小樱的问题不仅仅是粗心，没审清楚题才是主要问题。"

　　通过和小樱妈妈的对话，我能明显感觉到对方情绪上的变化，从一开始的不以为然，到现在的焦虑。其实粗心并不可怕，可怕的是习惯把粗心当成犯错的借口。找到错题背后的真正原因，加以注意，不让漏洞越积越大，这样才利于孩子长期的学习和成长。

　　于是，我和小樱妈妈商定让孩子进行审题训练，家长每天帮助小樱在家做从"无意识"到"有意识"的训练。比如，一个小女孩跑过去，我说"你看看那个人"，你打量了一下，说"看过了"，如果我问她手里的球是什么颜色，你答得上来吗？如果你答不上来，为什么？因为"无意识"。但如果我提前告诉你："你看跑过来的那个小女孩手里的球是什么颜色的？"我相信，大部分人都可以答出来。为什么？因为"有意识"。审题训练就是帮助小樱从"无意识"转变到"有意识"，意识慢慢形成后，必将提升审题能力。

我还和小樱约定，希望她无论做什么科目的题目，都能够逐字逐句地阅读。从当天开始，我每周会在下课后用 20 分钟带着她进行审题训练。经过一周的考虑，小樱同意接受我的帮助，并与我"云拉钩"。

为了更好督促小樱，我还为她专门制订了"我要养成审题勾重点习惯"专属训练表。在表格中，有坚持好习惯的日期、天数、今日好习惯，以及自我评价、家人寄语等内容。通过每天不断地强化和重复提醒，帮助小樱养成良好的学习习惯。

计划开始执行后，每天我都要和小樱妈妈互通情况。小樱也会每周把"我要养成审题勾重点习惯"训练表的反馈发给我看。经过一个学期的努力，我能明显感到小樱的观察能力、表达能力、沟通能力都得到了一定提高。

在新学年的期末考试中，小樱的数学、语文、英语成绩平均95 分以上。为了进一步鼓励小樱进步，我让她把自己的学习经验写成小作文，由我发送给班里的其他同学和家长，得到了一片点赞，还有好多家长私信向小樱妈妈请教经验。

　　小樱是我众多学生中的一员，当老师的目标就是要帮助孩子取得学业进步，更好地向阳生长。小樱进步了，我的身后还有更多的"小樱"，我会陪着这些"小樱"一直向前。

学习提示

　　做老师已多年，学生遇到的困难往往有很多共性。在这里我分享几条考试时的审题策略，希望可以帮助到您的孩子：

　　1 在任何考试中，正确审题比什么都重要。在答题时，有些孩子审题不仔细，不是看错了题目，读错了题意，就是读漏了问题，但其实很多关键信息都隐藏在题干里，所以不能一眼带过，而是要一边读题一边思考，同时记下重要信息。只要还没读完题，就不要提笔做题。

　　2 找出题目中全部的隐含条件。隐含条件一般包括限定词、核心词和求答词三个关键词，如果能把这三个词都准确地找出来，那么审题才真正完成了。

　　3 审题时看到的考试常用术语要着重分析。如果问题中出现解释、评价、阐述、叙述、举例说明、列举、描写、说明、下定义、图示说明、比较、对照等术语，必须弄清楚出题老师的意图究竟是什么。不同学科的问题有不同的特点，考查学生掌握知识的侧重点也不同，搞清楚出题意图，才能事半功倍、正确答题。

第三章　学习态度

CHAPTER THREE

尽信书，不如无书

教师档案

教师姓名：张韬

绰　　号：韬韬老师

教授学科：语文

教学经验：具备高级中学教师资格，五年教学及研发经验，丰富的线上及面授经验，累计教授学员 10w+。

教学风格：风趣幽默，善抓重点，启发学生思考，培养问题思维，用理科思维解决复杂的语文难题。课堂有趣有料，解题简单高效。

语文课上，我们正在学习新课文《羿射九日》，学生鹤楠突然在评论区向我提问："老师，这篇课文有问题，前面刚说了'江河里的水被蒸干了'，这后面怎么又说'（后羿）蹚过九十九条大河'呢？"

学生突如其来的提问吓了我一跳！我从头仔细看了一下课文，还真是存在前后矛盾的问题。再一看直播间，学生们在评论区沸腾了，纷纷提出质疑：

"老师，课本也会出错吗？"

"老师，鹤楠说得对吗？"

"这篇课文我早上读了好几遍，我怎么没发现这个问题？"

"鹤楠同学，你太厉害了！"

……

我赶紧示意学生们安静下来，耐心回应说："鹤楠，你这个问题提得太好了！你发现了大家都没有发现的问题，说明你有独立思考的能力，而且你还能不畏惧课本的权威，敢于提出质疑！老师给你点赞，其他的同学也要向鹤楠学习哦！"

鹤楠同学的提问让我受到了不小的触动，这让我想到了《孟子·尽心下》中提出的"尽信书，则不如无书"。引导孩子学会独立思考和独立判断，其实远比教授他们知识更重要！

只是在学校和家庭教育中，我们大多要求孩子听老师和家长的话，严格按照书本学，让很多学生成了循规蹈矩、言听计从的"乖孩子"。我见过很多这样的学生，他们做完作业或考完试，一对答案就立马把自己的"错题"照着参考答案改过来，却不去好好思考一下自己真的错了吗？错在哪儿了呢？为什么会错呢？真正到了老师讲解的时候，却可能发现自己看错答案了，或是答案印错了。他们把参考答案当成了权威和真理，机械地照抄照做，不去动脑思考，却不知道这样"尽信书"会带来什么样的恶果。

作为老师和家长，我们传授给孩子们的知识，只能陪他们走过人生的一小段路。只有培养他们的独立思考能力和判断能力，才能让他们更深刻地认识世界，更有创造性地解决问题和应对苦难，更从容地适应将来科技高速发展的社会环境。

为此，我在心里定下一个目标：要引导学生们在学习和读书的过程中，多思考、多质疑、多表达，让他们养成独立思考、善于向书本提问的习惯。要让"尽信书，则不如无书"的态度在他们的心中生根发芽。

经过一段时间的准备后，在课上我给学生们讲故事的时候，会有意识地启发他们提出问题，积极思考。

"我国古代有个叫赵括的人，他非常爱看书，在纸上谈兵的时候头头是道，仿佛只要有他在，就一定能打胜仗。因此他受到了重用，被调去坚守一个易攻难守的平地。他认为在平地上太容易被攻下来了，就带着军队跑到了旁边的一座山上，等着敌人过来。可是这山上没有水，还很难快速地跑到山下的阵地。赵括可没管这些，他只信书上的。果然，他的军队被包围了，因为没有水，将士们很多都渴得失去了战斗力，很快就败下来了。

"'善于相马的伯乐'同学们也都听说过。他为了让儿子继承自己相马的本领，曾让他的儿子拿着《马经》去找好马，经过了一年多时间，都没有找到与《马经》上描述相同的马。有一次，他的儿子出门时遇见了一只大蛤蟆，发现和《马经》上说的马大致相同，回去后告诉伯乐。伯乐说："这是蛤蟆！'"

讲到这里，学生们在评论区发出了"哈哈大笑"的表情包。

看着学生们情绪高涨，我问道："同学们，赵括打败仗，伯乐的儿子找马找成了蛤蟆，他们的问题出在哪里呢？"

这样的提问，立刻激发了学生们的兴趣，我发起了连麦，同学们纷纷要"上台"发言：

"老师，是他们太笨了！"

"因为他们太笨了，这些都不知道！"

"不对，不对，是因为他们都是完全按照书上说的去做，没有自己的想法。"

……

听了学生们的回答，我开心地回应说："同学们，你们说得都有道理，因为他们都被书上的条条框框圈死了，没有独立思考，也不懂得变通，所以才导致了最后的失败。书就像是我们的好朋友，我们能从它们身上学到很多知识，可是这些好朋友的身上有优点，有时也会有缺点和不足。咱们以后读书时，既要向这些'好朋友'学习优点，也要学会质疑它们，发现它们的缺点，和它们比比谁更聪明，谁的知识更丰富。所以，今后的阅读课，我们一起玩'脑筋碰碰车'的游戏好不好？"一听说有游戏玩，学生们都来了劲头，评论区又是一阵沸腾。

从此，我便和学生们开始了"质疑式阅读"之旅。比如，在和学生们一起读《从百草园到三味书屋》的绘本时，我会先提出一个问题："我的第一个'碰碰车'出发了，百草园是什么样的呢？"于是，学生们开始发挥想象，描述自己心中百草园的样子。然后，我将搜集到的有关百草园的简介告诉学生们，让大家对鲁迅小时候生活的百草园有更形象的了解。接着，我会鼓励学生们提出问题："同学们，你们的'脑筋碰碰车'该出发啦，它们都是什么呢？"

有学生说："我的'碰碰车'来啦！何首乌是什么味道的？吃了真的可以长寿吗？"

另一个学生说："我的'碰碰车'是'张飞鸟'长什么样？真的像作者说的那样，抓住会养不活一夜吗？"

学生们的提问说明他们对课程内容产生了兴趣，这个知识点将在他们的记忆"储存间"中长存。

为了让学生们在课下也养成主动思考的阅读习惯，我在公布完一个学期的阅读计划后，对学生们说："同学们，咱们按照计划每读完一本书，就做一张阅读记录表（如下图）怎么样？每名同学在阅读课上，按照自己的阅读记录表和大家分享一下自己是怎么和'图书朋友'相处的。"之后，每到上课，学生们都抢着分享自己和"图书朋友"的相处经历。

阅读记录表

学生姓名：	书名：	读书时间：
喜爱程度	★★★	打分理由
我喜欢的内容		我不喜欢的内容
对这本书的质疑		你会把这本书推荐给朋友吗？
我的读书感悟		

课上课下相结合的"质疑式阅读"，在两个多月的时间里就体现出明显的效果，家长们纷纷反映，孩子们更爱看书了，他们的阅读理解能力和作文水平有了明显提高。在与学生们共同学习的过程中，我惊叹于他们丰富的想象力和独特的思考视角，很庆幸能与他们一起参与这样的阅读之旅，在见证他们成长的同时，自己也得到了提升。

没有绝对的公平，
只有绝对的努力

教师档案

教师姓名：胡琳婷

绰　　号：coco 老师

教授学科：英语

教学风格：授课经验丰富，精通小学英语考点。擅长以通俗易懂、精确简练的讲解呈现生动有趣的课堂，以幽默诙谐、充满亲和力的教学方式最大程度地激发学生的学习兴趣，从而快速帮助学生提分进步。自创"coco 魔法拼读""coco 趣味讲语法"，被学生们评为"最会讲故事的英语老师"。累计教授 50 多万学员，授课时间超过 4000 小时。

世界从来不是公平的，就像 26 个英文字母也有先后之分，只有努力，才能不负梦想。

还记得 2018 年，《极限挑战》节目做了一个实验。起初，所有的孩子都在同一起跑线上，嘉宾每提一个问题，回答"是"的孩子都会向前走一步，到达另一条线上。

1. 你的父母接受过大学以上的教育吗？

2. 你的父母给你请过一对一的家教吗？

3. 你的父母是否让你持续学习功课以外的一门特长，且还保持一定的水准？

三个问题过后，有人原地不动，有人则一往直前。

4. 从小到大，你是否有出国经历？

5. 父母是否承诺要送你出国留学？

6. 从小到大，你是不是父母心中的骄傲？他们是不是经常在亲友面前夸奖你？

所有问题结束后，孩子们之间的距离已经拉开，有人离终点近在咫尺，有人还有一段距离，而有人仍在最初的起点。最后主持人一声令下，所有人都全力奔向终点，而到达终点的排名，还是之前离终点近的那些人吗？

并不是！看完这个实验，我感触颇深。人生哪有什么公平，各种因素交叠在一起，已经决定了我们起点的不同，但只有最后努力奔跑的人，才会得到自己想要的。

这不禁让我想起，新三年级春季课时，有些家长们向我倾吐的烦恼。新学期的开始本来是重点班的学生和家长充满希望、充满动力的时刻，可一些家长和学生却给我发来私信：

"老师，孩子进了重点班后跟不上，班里全是尖子，孩子都不愿意学习了，这可怎么办啊？尖子生们一定报了牛班，太不公平了！"

"我家孩子进了重点班后一点成就感都没有，原来在班里一直前三名，现在能考到中游就算不错了。"

看了这些家长们的抱怨，我不由得心里一惊，孩子才上小学呀，正是打基础、培养习惯的阶段，可各路家长已经开始"赛马"了。家长们大多数在抱怨不公平，真害怕这种不公平的心态会"传染"给孩子。

还记得，我的表妹梦瑶中考成绩在全市排名第33，毫无悬念地进入了老家重点高中的重点班。那时，每个年级的两个重点班，几乎都是全市中考前100名的孩子。然而，从初中到高中的转换让她很不适应，初、高中课程的学习方式和思维方式有很大差别。第一次考试，她在全班排到29名。

当时，她也抱怨，抱怨排在前边的同学怎么这么聪明？抱怨他们天天看似轻松，也和她一样偷偷看漫画，怎么比她还考得好？特别是她的同桌，每次数学考试，她刚做完选择题，他已经做完了整张卷子。问他晚上学到几点，他却总说："我晚上九点半准时睡觉。"表妹有些自暴自弃，每次考试都在30多名徘徊，从所谓的"学霸"被秒成了"学渣"。虽然高考时，她的成绩还能处在全校的中上游，但对于她而言，高中无疑是人生中最失败的三年。

作为过来人，看见孩子们能进重点班，能拥有比普通班学生更好的教学资源，能有与很多优秀同学共同学习进步的机会，老师真心为家长和孩子高兴。但看到家长们的抱怨和烦恼，我觉得有必要把自己表妹的故事分享给大家。

孩子现在还小，学习习惯也挺好，进入了重点班，父母的过分焦虑是否会让孩子过于疲惫？如果父母只会抱怨这个社会不公平，是否会给孩子内心埋下"我不努力了，本来这个社会就不公平"的种子？

我希望各位家长明白，如果把人生比作一场马拉松，家长都希望孩子能赢在起跑线上，为了让自己孩子的起跑线比其他孩子的起跑线离终点近些、再近些，很多家长即使背负着车贷、房贷、赡养父母等各方面的经济压力，仍然在竭尽全力地为孩子报最好的辅导班，提供他们能提供的最好的衣食条件，创造能创造的最好的学习环境。

可是家长们要知道，你可以把孩子送得离终点近一点，但是最后决定是否向前奔跑的是孩子自己呀。你可以将孩子送到距离终点几十米、十几米的地方，可是剩余的那些距离，需要的还是孩子自己去努力奔跑。

前段时间看到的一则新闻，今年的湖南省文科状元何润琪家里特别贫困，一家六口人的开销全靠父亲和哥哥打零工维持。疫情期间在家上网课，他因为没有电脑和手机，上不了网课，更交不了作业。班主任得知他的家庭情况后，把自己的手提电脑和手机借给了他，保证他的正常上课和学习。在这样艰苦的条件下，他在高考中却取得了 707 分，全省第一。

家长们，何润琪就是那个距离终点很远的人。可是，他却凭借自己的努力完成了逆袭！一切为孩子打算没有错，我们可以决定孩子的起跑线，但是我们决定不了孩子是否愿意向前奔跑。

　　与其抱怨不公平，还不如去培养孩子向上的意志，只有孩子自己努力，才会奔赴终点。作为家长，我们要为孩子铺更远的路，但是更要培养孩子向远处出发的意志。

好的教育是一场修行

教师档案

教师姓名：石明

教授学科：初 / 高中物理

教研教龄：七年

教育经历：七年中学物理教学经验，新东方集团优秀教师、优秀管理者，授课 5000+ 小时，教授学员 30 万 +。

教学风格：课堂气氛活跃，讲解透彻清晰，人称"解题小能手""高分收割机"。信奉教书育人不只是传递知识，更是激发兴趣，点燃希望。

2020 年春天，由于疫情的影响，有 26 万来自五湖四海的中考学生通过网络进入了我的课堂，这让我非常兴奋。作为老师，可以把自己的声音传播得更远，把知识分享给更多的学生，对我而言是一种荣耀。但同时这也让我一度非常焦虑：如何能给这么多的孩子带去切实的帮助呢？

我从一贯的教学手法开始入手：提升兴趣，点燃希望，授以方法。

首先，为了提升孩子们的兴趣，我做了大量工作，比如课前和课间休息时给学生们讲解很多与物理相关的故事，包括我儿时在农村的生活、求学趣事和社会热点。把这些故事和物理知识很好地结合起来，能让学生们感受到物理的用途和魅力。

其次，疫情期间，学生们都在家学习，很多人没有参照物，不知道自己学到了什么程度，对自己的学习成果不太清楚。大量的不确定因素导致了群体性的焦虑和迷茫。为此我想了很多方法，比如给学生们写打油诗，把物理知识编成歌曲等，用他们能够接受的方式，把一碗又一碗精心熬制的"鸡汤"传递给他们，使他们在课堂上获取知识的同时，也获得了温暖和力量。

最后，我知道作为老师必须要能在学习上给学生们提供切实的帮助。所以，需要识记的板块，我编成口诀帮助他们记忆；需要理解的板块，我编成故事、列举生动的事例帮助他们快速理解；需要运用综合能力的板块，我给他们做题型分类，并且告知每一类型的解题步骤。

正如所有的困难都会过去一样，疫情最终被遏制住了，中考也如期到来。当我收到来自五湖四海、成百上千的学生的感谢和成绩反馈时，我开心得像个孩子。

七年的教学生涯，我常常自我反省：今天的课是否比昨天的更精进一些？学生们是否已将知识全部吸收？一张张青涩的脸庞时刻在提醒我，教书育人这件事不可有丝毫的怠慢。

什么样的老师是好老师？有人说："好的教育是生命的彼此成就，好的教师是生动的生命教材。"那我是好老师吗？这是我常常思考的问题。

不知道评判好老师的标准是什么，我想这世界上应该也没有统一的标准。但我认为一名合格的教师所传授的内容应该包含两个方面：修学与修心。一名教师最基本的职责，就是将知识传递给学生，"授人以渔"，帮助学生去拓展他的知识广度与高度，帮学生打下扎实的基本功，让其学有所得，学有所成。修学不仅是"修学生的学"，更是在"修老师的学"，这是一个教学相长的过程。过去人们常说，老师要先有一桶水后再给学生·杯水。而在信息去中心化的时代，人人都可以成为知识的传递者，这就要求老师要去不断地学习、进步，对知识与学生永远保持一颗谦卑的心。

我们常说"教书育人"，其中就包含两个方面：教书与育人。老师除了传递知识外，作为学校教育的重要角色，还要培养学生的品格。学生们利用人生中最宝贵的时间来接受教育，除了收获知识，还要收获坚忍不拔的品质，统筹大局、坚定执行的能力，以及对未知充满好奇、不断探索的欲望。

成就任何梦想，都需要有执着的信念，因此老师还要教会学生做事有恒心。"古之立大事者，不惟有超世之才，亦必有坚忍不拔之志"，我们要培养学生面对挫折时不放弃、坚忍不拔的意志，这些都是学生需要培养的重要的品格，而老师就是那位重要的点拨者。我们要将品格培养深化在每一堂课、每一个知识点、每一次言语相谈中，更深化在我们教师自己的以身作则中。

教育是一场修行。教师不仅要做智者，还要做摆渡人，将学生摆渡到理想的彼岸。作为一名教师，虽然在这条路上行走了七年，但我深知自己还有很多不足。我不需要一个好老师的人设，但我很自信，因为我无比热爱教师这个职业，我会不断地去完善自己。岁月不会打磨掉我的梦想，在教学这条路上，我会与同学们一起勇往直前。

教育世家：
一半传承，一半使命

教师档案

教师姓名：蒋明皓

教授学科：数学

教育经历："双一流"大学硕士学位，新东方在线教材与核心内容研发员，小学数学明星教师，五年以上教学经验，教授学员10万+。

教学风格：知识讲解化繁为简，善于激发学生学习兴趣，找准问题，对症下药。擅长用简单幽默的语言，将复杂的数学问题简单化。信奉良好的教育可以改变任何人，而好的老师可以改变一切。

1961年，教室里坐着的学生，有的比老师的年龄还大。那时的老师，除了教不同的学科，还要带不同的年级。爷爷说他们要一张张手动油印学生的考试卷。

1992年，学校盖了两层的教学楼，初一的学生全部可以在新教学楼里上课。爸爸说92届学生是他带过最难忘的一届。

2020年，整个春天都笼罩在疫情的阴霾下，我坐在直播间里，为全国几十万的学生在线上课。

从1961年到2020年，从一张课桌、一支粉笔、一方讲台到一台电脑、一块屏幕、一支手写笔，这是我家三代人的教书变迁史。

今年教师节，我将全国各地小朋友送给我的节日祝福晒在朋友圈中。我家的老顽童在下面评论道："厉害了，乖乖，你的学生来自五湖四海呀，爷爷为你点赞！"

爷爷说他怎么也没有想到，他的孙子可以在一个直播间中，为全国各地的学生同时上课。

爷爷说他教书那会儿，上学的都是附近村子的人，那个年代他们还在扫除文盲；而我爸虽然是一名中学教师，但他的学生只是当地县城区域内的孩子。他们一边惊讶于我可以为全国各地的孩子们上课，一边感叹科技的发展为教育带来的改变。

但我却想说，虽然时间在变，教学形式在变，人在变，但教育的本质与初心却没变。正如俞敏洪老师在教师节寄语中写道："不管我们教什么学科，我们对于学生的真情实意、认真负责的精神一直没变，对于教学和服务仔细专研、精益求精的态度没变。"

新东方已走过 27 年，新东方在线走过 15 年，有些东西在变，但教育的本质与初心没有变。这也正是我加入新东方在线的原因。

对于我来说，这里的教育不仅有传承，更有加分。这里的"加分"可不是单单指成绩上的提升。我认为好老师可以教给学生各种可贵的品质，帮助学生成长，为他的人生"加分"。庆幸的是我遇到过这样的好老师，而我亦要成为这样的老师。

在初中时，我的数学成绩经常考满分，所以我就特别傲气，特别争强好胜，因此经常在同学面前表现出"你不如我"的姿态。渐渐地，同学们开始与我疏远。在初二竞选班长时，我落选了，全班45名同学，我只获得了10票。这一打击让我偷偷哭了一整天。这些都被我的班主任老贺看在眼里。放学回家的路上，他骑着自行车突然停在我身边，说要陪我走一段。

"因为竞选班长失败，不开心了？"老贺开门见山。

我愤愤地说："他们不喜欢我，他们都是一伙的。"

"那你想不想让大家喜欢你呢？"

我低着头不说话。

老贺接着说："家兴跟我说你数学题讲得特别好，要不要以后每周的自习课给同学们补习一下数学？"

我当即就说："我不要，他们又不喜欢我！"

"明皓，你知道为什么成熟的麦子总是低着头吗？不管你有多厉害，都要保持谦虚的心态。不管是学习还是做事，这样大家才会喜欢你呀。"

我当时听见这话并没有太多感受，还是沉浸在自己的难过中。而第二天早自习快结束时，老贺宣布道："蒋明皓同学跟我说，要给咱们班同学义务补习数学。以后大家有什么数学难题，都可以去问他。"

　　还没等我反应过来，下课的铃声响了，班级好多同学围过来，争抢着问我数学题。就这样，给同学们讲题的日子开始了，同学们也越来越喜欢我。而在讲题过程中，我不仅巩固了自己的数学知识点，在与同学们讨论的过程中，如果其他同学的解题思路特别好，我也会向他们学习。

　　现在回过头来想一想，我那些初中时代的好朋友都是靠互相"解题"结出来的友谊。

　　如今我已成为一名教师，更能体会当年老贺的良苦用心。今年新东方在线的教师节短片便是《加分》，片子以"那会儿我是一个不太合格的小孩吧！"开头，一口蹩脚的普通话，念起课文引来一屋子人发笑；上课"不务正业"，好巧不巧还被逮个正着；作为公认的"坏学生"，那就干脆破罐子破摔吧……可是，直到他们遇见那位改变自己命运的老师。好老师不只是为学业加分，好老师更要为他们的自信、自律、责任、坚持、关爱加分。

　　视频最后，学生们都带着老师给予的这些"加分项"奔赴远方，从"不合格"小孩长成了大人模样。老师为他们加的分也会对他们的未来产生重要影响，成为他们一生都受用不尽的宝贵财富。

　　看完这个视频，我的眼睛有些发酸，点开通讯录，给老贺发送了一条信息："贺老师，谢谢您！"

　　什么是传承？有人追逐着你的梦想，在你走过的路上继续走下去。如今我已经从我的爷爷和爸爸手里接过这根接力棒，在教书育人这条路上继续驰骋。愿我不负长辈的期望，与学生共同进步。

至亲至善至知己，
亦师亦友亦比邻 辅导篇

"没有爱就没有教育，有了爱也不等于就有了教育"，爱是教育的前提条件，而真正的教育却不是只有爱，还需要智慧。不同于主讲老师，辅导老师是一群在幕后默默付出的人，他们没有掌声与赞美，却道："唯有真诚，方能不负所托；唯有用心，方能不负信任。"

解决学生、家长的困惑不是空喊口号，每一次的课前预习、课后复习、学情反馈、作业批改，辅导老师都倾尽心血，用智慧与爱，帮孩子赶走学习路上的"拦路虎"。萤火之光，以情动人；蜡炬成灰，以爱育人。

第四章　教育故事

CHAPTER FOUR

应对手机成瘾，
请多一些耐心

教师档案

教师姓名：李慧

绰　　号：智慧树

辅导学科：英语

教育理念：把学生看作天使，你便生活在天堂里；把学生看作魔鬼，你便生活在地狱里。

寄语学生：你们的认真较劲我都看在眼里。每一次暖场、"出门测"讲解、"小灶课"，好学的你们总在问："慧慧老师，为什么不能选A？为什么不能用一般现在时呢？为什么这儿要用最高级呀？"一直追问、不断探索的你们，认真的样子最美！

现在的学生大多都爱玩手机和电子游戏，每期课都有不少学生家长反馈孩子不学习，就爱玩手机。在所有学员里，印象最深的就是图图。

第一次遇到图图的时候他才小学三年级，是个非常活泼的小男孩。四年级秋天的时候，他妈妈给我打来电话，焦虑地说着图图最近的变化。

以前图图每天总是要玩会儿电脑，怕儿子染上网瘾，图图妈妈从孩子坐在电脑前就开始紧张，一直在房间内走来走去，对孩子絮絮叨叨。后来，她在电脑上设置了密码，甚至拔掉了网线。图图对电脑的依赖算是暂时克制住了。

没想到的是，图图在进入四年级前的暑假，去大姨家住了一个月。大姨家没有电脑却有 WiFi，妈妈为了跟图图沟通，把手机留给了他。这可坏事了，图图每天除了吃就是玩手机。等回到家，玩手机的习惯再也改不过来了，每天睁眼就开始玩手机。

图图妈妈看在眼里，急在心里，只要图图一打开手机，妈妈的唠叨就随之而来。图图无法忍受妈妈的监管，久而久之，和妈妈之间的话越来越少，态度也越来越冷淡。我和图图妈妈的这次通话，正是在她和图图大吵一架、把手机摔碎之后。听着电话里图图妈有气无力的声音，我特别焦虑。

为了根治图图的手机成瘾，我查了很多资料。我发现手机成瘾、游戏成瘾的原因非常多，但低年级学生手机成瘾，往往是因为他们可以在虚拟世界中获得现实生活中无法体会到的满足感。解决方案是通过组织各种活动，让网络成瘾者多参与，不时给予他们各种鼓励，让其在现实中获得肯定。

于是我尝试了以下几种方法：

1. 转移注意力。

在秋季的班级群中，我发起了"小小英语演讲家"的活动，让孩子自己准备幻灯片来分享知识，并选了图图做我的"班级小管家"，让她带头展示。图图在接到任务后，紧张到睡不着觉。

"老师，我可以吗？我行吗？"

"你一定行，老师看好你，支持你！"

为了防止他因难而退，我给他提供了合适的幻灯片模板，并把插入图片、文字的方法一一教给了他，并陪他演习了一遍。直到他信誓旦旦地说："老师，今天放学写完作业我就做，保证做好。您再给我纠正纠正发音。"

周五晚上，我在课前预习的环节给图图预留了五分钟，通过新东方在线的连麦功能，图图开始了他在班级里的首秀。在一阵阵惊叹声中，我配合着图图的英语演讲，切换着一页又一页制作精美的幻灯片，由图图向大家演讲"我最爱的动物"。

故事讲完后，评论区一阵好评，同学们纷纷发来"good"的表情包。图图还给大家讲述了自己备课的收获，希望大家多多参与"小小英语演讲家"的活动，有不会的可以找他指导。评论区全是同学们为他喝彩的声音。

下课后，图图发来消息："慧姐，我办得还可以吗？"我笑着回道："图图真是太靠谱了，以后'小小英语演讲家'就靠你打天下了。"

事后据他妈妈说，前一天晚上图图忙到十点钟，把发音练了一遍又一遍。第二天早上还不放心，硬逼着爸妈当他的观众演练了一遍。那一周的时间，他一次手机没碰过、一次电脑没玩过。

2.改变自我认知。

在和图图配合着打响"小小英语演讲家"第一炮后，我发现图图对这个活动充满了责任感，他会主动在班级里召集同学参与，帮同学修改幻灯片，在没人报名的时候，自己还会顶上空缺。我突然发现"班级小管家"对孩子来说似乎不只是个头衔。

于是我再接再厉，开始不断向图图传递"我们要给同学们更好的示范""你就是我们班的护法"的信号。图图是个非常可靠的男子汉，第一时间对我说："老师请放心，我一定带好大家。"我和图图妈妈沟通后，开始引导图图带头把课堂上所学的内容进行拓展，这样既能复习当堂课所学，还能拓展知识。

比如当课堂上讲到冬季奥运会、夏季奥运会时，就请图图打头阵给大家对比它们之间的区别，鼓励更多的孩子根据课堂所学和课外知识的补充，丰富对奥运会各种项目的了解，分享给班上的同学。大家的参与热情非常高涨，这也使得我们的"小小英语演讲家"活动从每周一次，变成了每周两次，最多的时候一周排了五天。

在这个过程中，图图彻底"丢弃"了手机和电脑游戏，因为他在知识的分享中获得了更多的成就感。同时，作为我们班"德高望重"的班级小管家，他给同学们树立了很好的榜样。

在这里，我结合在帮助图图过程中学到的专业知识，给父母们一些建议。

1 请重视初一、高一和大一这三个年级。当学生的学习、生活环境有很大改变时，他们容易不适应，容易以逃避现实的方式去面对。家长往往注意不到孩子的情绪和心理需求。很多孩子都是初一、高一和大一开始网络成瘾，等到初二、高二和大二成绩下降了，家长才意识到孩子的网络成瘾问题。

2 网络成瘾的原因有很多，有些时候恰恰家长才是问题的根源。家长的错误示范，没有以身作则，引导方式欠缺等都会成为起因。请父母多一些耐心，寻找到问题根源后再对症下药。

战胜作业！
从"小蜗牛"到"小兔子"

教师档案

教师姓名： 桑梓玲
绰　　号： 仙女老师
辅导学科： 语文
教育理念： 德乃师之本，才乃师之资。
寄语学生： 学问多深也别满足，过失多小也别忽略。愿我的学生在课堂上收获的不只是知识，更有品德的提升。

　　梓涵不交作业是全班有名的。每次课前我表扬交作业的孩子时，评论区都有她送花、鼓掌的身影。我总是忍不住猜想："这么积极的孩子，究竟是因为什么不交作业呢？"

　　直到和梓涵妈妈熟络了，我才知道梓涵是个写作业很慢很慢的孩子。每次我催交作业时，她总是嘱咐妈妈回复"孩子忘记写了"。事实上，她已经很努力地写作业了，但是连学校的作业都写不完，更别说网课的实践作业了。她不想让我知道她的窘迫，所以一次又一次地让妈妈"瞒住老师"。

　　梓涵上课听讲很认真，随堂测次次满分，发言有时也挺积极的，但她做作业的速度很慢，曾创造过一个小时只抄了 60 个字的"纪录"。妈妈试过各种方法，谈心试过，批评教育试过，冲孩子发火也有过，但还是收效甚微。

　　期中考试后，梓涵语文只考了 62 分，因为作文只写了 13 个字就收卷了，前面的答案也没来得及检查。梓涵的妈妈因为梓涵的现状很焦虑。我建议她："孩子学习成绩不理想，在规定时间内不能完成相应的作业，包括不能及时复习等问题，关键在于她的速度太慢。要提高孩子的学习成绩，关键还是要提高她做作业的速度。做作业的速度提高了，她才有更多时间复习、巩固知识。最重要的是，她在考场上才能更自如。"

既然孩子的问题很明确，那我们就从怎么提高她做作业的速度入手。于是，我和梓涵妈妈商定了以下两点：

第一，制定每日作业合约。家长与孩子制定一个每日作业"合约"，完成作业可以获得积分，积分用于兑换各种"特权"卡片，比如"免家务卡""玩手机半小时卡"。如果完不成作业，则扣除积分。

第二，每日进行 15 分钟的控笔训练和写字速度提升训练。以下分享其中的一个游戏。

📝 一分钟写数字训练

　　每天让孩子练习一分钟"0 1 2 3 4 5 6 7 8 9"的快速书写，一分钟内，写一组算一次，看一次能写几组。随着写的组数越来越多，孩子的书写速度会越来越快，让孩子感受到一分钟可以做很多的事情。

周六网课后，我视频连线了梓涵，给她定了"规矩"。希望她从今天起，不管作业写得如何，都要及时提交，老师会一直等着她。虽然视频那端梓涵回答得支支吾吾，但好在我们隔着屏幕还是把约定达成了，并来了一场线上"云拉钩"。

计划开始执行后，每天我都要和梓涵妈妈互通情况。第一天，梓涵没有写完作业，但是完成了控笔训练和写数字游戏，一分钟写了 7 组数字。第二天，梓涵依旧没有写完作业，但是写数字时，妈妈和她 PK，梓涵又紧张又兴奋，写了 20 组数字。我建议梓涵妈妈下一次和她 PK 后，可以多夸她写字快，让孩子知道一分钟能干这么多事。第三天，梓涵妈妈有意提速，吓得梓涵在一分钟里写了 26 组数字。母女俩比赛完毕后笑作一团，妈妈指着纸上歪歪扭扭的数字说："你这不是写得很快吗？咱们今天试试写数学作业能花多久。"梓涵就这么铆着劲，只花了 20 分钟就写完了数学作业，但语文作业还是没写完。

经过一周的控笔训练和写数字训练，梓涵每天写作业的时间缩短了 30 分钟，但语文还是老大难，孩子经常写一笔、看一笔，记不住字形。于是我又教了梓涵妈妈一个写汉字游戏，梓涵妈妈用同样的方式和孩子进行 PK，同时保持控笔训练。以下是汉字训练的方法。

📝 **一分钟写汉字训练**

找一些笔画和书写难度略高的生字，看孩子在一分钟内最多能写出多少个字。记下每次的情况，并进行对比。

1—3 年级：鑫 森 淼 焱 垚 犇 骉 猋 麤 磊 羴……

4—6 年级：魑 魅 魍 魉 彪 魃 魆 魈 魊 魋 魌 魉 魀 魊 魋 魌 魍 魎……

就这样，梓涵每天写作业从需要 5 个小时，到 4 个小时，再到 3 个半小时。终于在 1 个月后，我收到了梓涵第一份完完整整的练笔作业，而这份作业梓涵只用了两个小时。

暑假的第一节课上，梓涵在妈妈和我的鼓励下，向全班同学讲述了她战胜作业的经历。评论区的"大拇指"和"掌声"表情包一路飞起，同学们纷纷在评论区留言道："梓涵，棒棒哒！"我趁机宣布，梓涵将成为我们暑假班的学习委员。有了这份"殊荣"，梓涵每次下课总是第一个交作业，还会在评论区帮我总结课堂重点。很多有同样苦恼的家长纷纷私信我求教。

说实话，在这个过程中，我自己也扮演着学生的角色，拜访名师求教，查阅专业书籍，和学员家长深入沟通。我没有孩子，所以很多方法都不知道是否会对梓涵有效，唯有不断尝试以及和家长深入沟通。在这里也非常感谢梓涵妈妈的信任，对当年青涩的我提出的建议全盘接纳，您和梓涵也是我教学路上的导师。

后来的几年里，我也带过不少写作业有困难的学生，在这里分享一些建议给正在阅读本书的您：

1 深入分析，找到"病因"。学生不交作业，无非是四种原因：不会做、不想做、不能做、做了忘记带来。如果他不会做，就要搞清楚是智力因素还是非智力因素，抑或是两者兼而有之。如果是不想做，事情就比较复杂了，需要做更深入的了解——到底为什么不想做，从什么时候、因为什么人或什么事开始不想做的，等等。不想做并不能简单地等同于不想学，恰恰相反，不想做作业的原因往往是作业过于简单（对于一部分学生而言）、过于无趣或者过多，等等。

2 教育不是吼叫，要用技巧引导。学生不交作业，既要从学生身上找原因，也要从教师身上找原因，这样的思考才是合理的。在我们责怪孩子"写作业慢""磨蹭""拖沓"前，我们是否教过孩子，怎样才能不磨蹭，怎么写才能更快？没有人天生就会学习，老师要尽到教学、引导的责任。

3 希望所有的家长在遇到养娃难题时，多想想"他为什么会这样"，而不是"我该怎么办"。从孩子日常的表现入手，分析成因，才不至于盲目地矫正孩子，避免造成孩子的逆反心理。从根本出发，才能更好地帮助孩子走出困境。

脾气暴躁，"怼"到
老师无言的家长和学生

教师档案

教师姓名： 周强

绰　　号： 大强老师

辅导学科： 小学数学

教育理念： 教育是一个验"心"的事业，真心才能换真情。老师不仅教知识，也需要从思想和行为上影响孩子，以积极向上、乐观开朗、充满正能量的状态引领孩子前行！

寄语学生： 大强老师希望同学们能够健康快乐地学习，在小学阶段将知识夯实，为灿烂人生打下坚实基础！

"说完了吗？能不能赶紧发红包？"

"别吹了，赶紧说正事。"

"有完没完，已经下课 3 分钟了。"

这些话出现在评论区的时候，我以为是一位"暴躁家长"登场了。万万没想到，它们出自一个小学生。下课后我收到了这位学生的语音消息："老师上课磨磨唧唧的，能不能赶紧说重点？"

"孩子，老师要把知识的来龙去脉讲清楚，你才能彻底理解啊。"

"别耽误我时间，把重点说完了就下课。"听着稚嫩却咄咄逼人的声音，我感觉自己这学期的课"凶多吉少"了。

　　第三节家长会的时候，我在评论区又看到了同样的账号催促老师赶紧说，我想着"不会是孩子的家长吧"，课后第一时间拨通了家长的电话。果然家长上来就吐槽我说话太慢了："我家孩子报的其他课外班，老师都是直接给复习资料，背就完了。你们这还要说这么多，看什么动画啊，孩子光顾着看动画了，谁学习？"

　　机关枪式的质问，让我连解释的机会都没有，只能插空说出一句："老师需要照顾班上所有孩子的学习进度，更何况学习要知其然，更要知其所以然，不能急于求成，孩子光靠背知识，不仅不能举一反三，还会对学习产生逆反心理，成绩无法提升……"话没说完，就被家长挂了电话。

　　从那以后，这位家长彻底拒绝和我交流了，孩子来上课的次数也越来越少。12月的某一天，我突然收到了这位家长的微信："大强老师，之前忙没回复您，不好意思。最近孩子出了点事情，方便电话沟通吗？"我急忙回拨了过去。

　　原来，孩子之所以没来上课，是因为妈妈多给他报了个补习班，老师发的资料多到学不完，每节课都要考试，孩子越来越讨厌学习。前两天妈妈催他期末复习，两个人一来二去，吵了起来，现在孩子跑去姥姥家，坚持要离家出走。

　　错误的学习方式是问题产生的核心，除此之外，孩子受到家长潜移默化的暴脾气影响，又如何能静得下心慢慢理解知识呢？我和这位家长细致地分析了孩子目前需要解决的几个问题：

1. 做事急躁、没耐心；
2. 脾气大，稍有不顺心就顶撞别人；
3. 学习没耐心、不思考。

急躁是需要最先解决的。这一点也是导致孩子成绩提不上来的原因，孩子的情况迫切需要老师和家长的帮助。孩子的情绪反应，让我第一时间想起教育心理学上关于孩子情绪养成的内容。这不仅体现的是情绪效能的发展，更有孩子对父母情绪表达方式的模仿，需要改变的不只是孩子，还有家长。

为了从源头上解决问题，我做了一个"沟通剧本"，让家长在每次和孩子沟通前，按照我的表格写剧本，用更平和的方式和孩子沟通，改变他的情绪处理方式。例如，家长在和孩子沟通时减少命令的语气，多采用询问的方式；当孩子向家长报告"坏"消息的时候，家长要先询问事件的过程，莫要着急下结论；父母在相互沟通的过程中，多些耐心与倾听等。

同时，我和主讲老师沟通，课堂上多和孩子互动，看到他的评论要耐心解释。

我抓住孩子脾气急、学习喜欢找重点的特点，让大家课后将做完的课后习题发到班级群里。由于课后习题是与课堂重点相配合的，他确实做得又好又快，赢得了班上同学的认可。就这样，有了"好学生"光环，孩子在课堂上和老师说话时客气多了。

从家庭到课堂，家长和老师一起努力，花了将近一年的时间，终于让孩子重回正轨。在这个过程中，孩子父母的变化非常大，现在再和他们打电话，也没有以前那种急躁的语气了。

孩子就是我们的一面镜子，正所谓"教学相长"，在陪伴孩子的路上，我们也在变成更好的自己。你对世界温柔以待，世界必以温柔待你。

　　孩子在成长的过程中，模仿能力特别强，特别是在说话、交流与情绪表达方式上。我们需要了解孩子情绪效能表现力的形成过程，只有明白了形成机制，才有助于我们更好地培养孩子。孩子的情绪效能感的发展，需要经历被捕捉、被示范和被强化三个阶段，最终经过反复地练习，孩子才能形成属于自己的情绪效能表现力。

　　1 被捕捉。为了让孩子形成稳定的情绪，父母要把孩子的情绪状态和身体动作进行关联，让孩子明白其所处的情绪状况，而这一点是调节情绪的第一步。父母可以说："我看到你很生气，你眉头皱得厉害，身体紧绷。"这背后，是家长对孩子情绪和表情的观察和捕捉。由此避免孩子对父母的"泛泛表达"产生抵触和对抗情绪。

　　2 被示范。大多数父母急于表达自己的观点，想帮助孩子快速地解决问题。初衷和出发点都是好的，希望孩子学习过来人的经验来安抚自己的情绪，但父母过于急切，就无法把想要传递的东西告诉孩子，也会让孩子产生误会，觉得"原来妈妈说那么多，其实也只是想纠正我的行为"。表达自己的观点时，父母的语言要平和，语气要自然。当父母能够用语言来传递力量的时候，这个过程便是孩子效仿的情感地基。

　　3 被强化。在孩子情绪爆发的时候，父母最好不要用指令性、命令性的措辞，而是把指令变成行动，以身作则，让孩子明白什么才是"不伤害别人的、可以表达生气的方式"。

孩子嫉妒心强竟撕同学作业，
我该怎么办？

教师档案

教师姓名：刘珍珍

绰　　号：珍珠奶茶

辅导学科：语文

教育理念：授人以鱼，足解一日之饥；授人以渔，足解终身之鱼。

寄语学生：老师尽心，学生进步，师生共成长。让每一个孩子都有成功而又精彩的故事。

秋季课的第一天，我收到一条一鸣妈妈发来的长长的私信：

"刘老师，我儿子的学习成绩排班上倒数五名。我从孩子出生就坚持学习教育，对孩子的成绩从来没有责问和不满，总是给他鼓励，并告诉他不管他成绩如何，爸爸妈妈都无条件爱他，所以孩子跟我们的关系还不错。

"上学期，他拿一张 87 分的语文试卷回家。我问他：'你满意吗？'他说挺满意的，比之前有进步。我说你满意就好，你能关注到自己的优点是很不错的。可是第二天回到家，他就说不想学习了，原来儿子发现周围同学的语文试卷分数都比他高，他瞬间又对自己的考试分数不满意了，同时对学习产生了深深的无力感。

"最让我害怕的是，孩子把在学习上的不如意，转化为对他人的嫉妒。他会拿橡皮擦掉别人的作业，或者用笔乱画别人的本子，经常与同学有各种摩擦，我也经常收到其他家长的投诉。

"我觉得孩子有上进心、有胜负欲很好，但这种错误的发泄方式让我担忧。怎样引导孩子正确竞争，而不要去嫉妒别的同学呢？"

看完私信的内容，我顿时心里一紧。孩子的嫉妒心不及时给予纠正，长大后会形成性格缺陷，甚至产生恶果，那将会毁了孩子的一生。同时，我又在想，父母的教育理念很优秀，在面对孩子成绩上的不如意时处理的方法也很得体，那孩子的嫉妒心是从何而来呢？孩子对学习产生的无力感，恰恰说明他在学习上有追求，他很想学习好。现在的嫉妒，是因为"求而不得"产生的焦虑。会不会孩子心里是很想优秀的，但是过于"佛系"的父母却没有意识到呢？

抱着这个猜想，我和一鸣通了个电话，电话里我问了问一鸣的学年目标，孩子说希望考到班级第一。虽然有些不切实际，但他确实是个对学习抱有很大期望的孩子。然后我提出每周给一鸣开40分钟的"小灶课"，我会组织班上13个同学一起听课，如果你能战胜其他的孩子，就可以进入班上的"猛虎队"，去迎战更厉害的对手。一鸣痛快地答应了。

"小灶课"上的13位同学都是水平相对来说差一些的，每次随堂测验的正确率都在班级倒数。这类孩子需要新鲜感、需要快速见效、需要信心。于是我每日讲一个成语故事，并教他们语文记忆顺口溜，全部同学都做对了题才可以下课。同时，语言学习的核心是语感的培养，语文亦是这样，所以我每天还会要求同学录制朗读课文的视频，发布到小群内进行打卡。

在"小灶课"实行两周之后，我又收到了一鸣妈妈的私信：

"老师，孩子的情绪稳定多了，最近不再和班上的同学闹别扭，而是奔着'猛虎队'冲刺。孩了长这么大，我第一次见到他在学习上这么有狠劲。回想自己以前的做法，我太不称职了。我甚至在想，孩子以前问我对成绩满不满意的时候，是不是在向我求助，希望我能意识到他心中的不甘，希望我帮帮他？"

这位家长的私信沉甸甸地压在我的心口。殚竭心力终为子，可怜天下父母心！"小灶课"上的其余 12 个同学背后，可能也有一对对为他们焦头烂额的父母。这些父母已经做得很好了，却还是会为孩子成长道路上犯下的每一个错误而自责。我一定要把这 13 个孩子都送进"猛虎队"，甚至更高的山峰！

于是从第三周开始，我盯得更紧了，"小灶课"的每一个学生课堂正确率我都要检查，连续错三道题以上，一定会打电话沟通。同时，我给班级所有的学生都分层制订了学习计划，有学习成绩非常好的"龙队""猛虎队"，有马虎、注意力不集中的"佩奇队"，有基础不牢、缺少学习方法的"十三罗汉"。每个孩子都有进阶的方向，每周我都会抽出时间给不同水平的孩子"开小灶"。

如果想从"十三罗汉"进入"龙队"，孩子需要经过至少八次的淘汰赛。一鸣用了将近一年的时间，进入了"龙队"。在这过程中，他经历过战胜对手的喜悦，也经历了挑战失败后打电话跟我哭诉的失望。如今的他英语成绩全班第一，会给每个同学讲题、分享知识，不再和同学起矛盾，可以坦然接受成功与失败。

互联网上有很多句鸡汤，其中"人生，别在该拼搏的年纪选择了安逸"激励了很多年轻人，但是陪伴一鸣和他妈妈这一年，我对这句话有了全新的认识。拼搏是不分年纪的，既然心有不甘，为什么不站出来挑战？有些时候，父母的零期望可能会是孩子痛苦的根源。

学习提示

回顾历史，因嫉妒心重而害人的例子屡见不鲜，嫉妒之火毁灭别人的同时，也会断送自己。当孩子出现嫉妒心的时候，父母和老师要一起努力，做到以下三点：

1 让孩子看到自己身上的发光点。尺有所短，寸有所长，帮助孩子发现自身的长处，看到自己也有强于他人的地方。对于短处，要鼓励孩子向优秀的人学习，努力补齐自己的短板。

2 引导孩子将嫉妒心理转化为自我努力的内驱力。当孩子由于不如别人而产嫉妒心理时，家长可以鼓励孩子追赶，鼓励孩子"你可以，你能行"，耐心地引导他向优秀的人学习，将嫉妒心理转化竞争心理和自我进步的内驱力，让孩子自强、自爱。

3 正能量教育。父母可以带孩子参加一些正能量的活动，或者带孩子阅读正能量的书籍，加强孩子的品德修养，"海纳百川，有容乃大"，培养孩子做一个胸怀宽广的人。

学生炫富是自大？
错！错！错！

163

教师档案

教师姓名： 向阳

绰　　号： 小太阳

辅导学科： 小学数学

教育理念： 用心付出，真情关爱，和学生共同成长。

寄语学生： 坚持很苦，但坚持也很酷！希望同学们不论身处什么样的环境，都能永远朝着太阳的方向，昂头努力、永不气馁，一路向阳而生！向阳老师永远陪伴你们！

长沙 12 岁女孩在手机唱歌游戏里打赏，花掉妈妈 3 万多元。

深圳 11 岁男孩玩手游花光家中 3 万元积蓄。

武汉 10 岁男孩玩游戏充值 5.8 万元。

……

网上经常爆出因孩子对金钱认知不足，导致严重后果的负面新闻。太多的事实告诉我们，不尽早和孩子谈钱，后果会有多可怕。但 2018 年遇到的一位学生，却让我对和孩子谈钱这件事有了更深的认识。

"我妈妈买了你们的课，我课上说话是我的权利！你凭什么禁言？"那时的王梓只有 11 岁，给我发来了这样一句话。收到这条微信的时候，我的脸"唰"的红了。被孩子这样"怼"还是第一次。

"你在评论区刷屏太多了，说的话对主讲老师也不礼貌，可以跟我说说是为什么吗？"

"你管得着吗？我花钱来这上课，还需要按你的规矩来？"三句话不离钱的表达方式让我非常好奇王梓的家庭和经历。和孩子诚恳沟通并承诺下节课不再禁言后，我立刻查起了资料，迫切想知道孩子这种行为的成因。网上的说法各有不同，不过有一点却很一致：孩子可能是从父母那里接受了错误的金钱观念。

第二天中午，我拨通了王梓家长的电话，是他父亲接的。我刚自报家门，他就说道："哦哦，老师好，我在外面有事，我让王梓妈妈联系你。"然后他就挂断了。我想着周日中午还这么忙，王梓的父母大概率是成功人士了。过了几个小时，王梓妈妈的电话打来了。我并没有告诉王梓妈妈昨晚的那场对话，而是表示希望进一步了解王梓。结果，真实情况让我非常意外。

王梓父母在他6岁的时候离异了，母亲带着他生活，经济情况可以说是非常拮据。房子是那种非常老的居民楼，没有电梯，同一层的住户共用厨房、厕所，属于自己的空间只有20平方米不到。王梓妈妈说，因为居住条件差，没有老师愿意来家访，都是电话沟通或者请家长去学校。久而久之，王梓也意识到了自己家的情况，产生了一种由自卑衍生出来的炫富心态，在外花钱如流水，是班上公认的"提款机"，成绩非常差，班上同学都以为他"有靠山"，根本不用学习，他非常满足于同学的这种评价。

王梓的父母的确有很多错误行为，比如父亲多次当着孩子的面，拿钱羞辱母亲。母亲也是三句话不离穷，总把"我对不起孩子""我欠孩子"挂在嘴上。这种亏欠心理，竟让母亲对孩子在学校的行为睁一只眼闭一只眼。

　　王梓的妈妈非常辛苦，因此我迫切地想为这个家庭做些事情。当晚我和王梓第一次视频通话，王梓接起后眼神飘忽，有些尴尬，但没有发微信时那么咄咄逼人了。我笑着跟他说："王梓，我们交个朋友吧，以后课堂的评论区还要靠你帮我镇场子呢。"王梓别别扭扭的表情非常可爱，于是我顺势邀请他和我一起线上看了电影《夏洛特烦恼》和公益片《有一天》。

　　看完之后，我很诚恳地跟王梓说："有钱未必低俗，没钱也未必圣洁。希望你明白，只要不贪婪不奢求，金钱会让他的人生更加丰盛。美国著名作家马克·吐温说过，'如果你懂得使用，金钱是一个好奴仆，如果你不懂得使用，它就变成你的主人。'我们来到这个世上就开始学习第一门课了，它叫作"接受自己人生的不完美"。你想要的东西都很美好，只是我们不能随心所欲地拥有一切。这个世上有比你缺失更多的孩子，但他们仍心怀梦想，努力改变命运。我们为什么不试试呢？"

　　王梓沉默了一会儿说："我想成为军人。"我心头一酸，说道："那好，我陪你成为最优秀的军人，从今天起我们就开始为梦想努力，好吗？"王梓轻轻地"嗯"了一声。

　　当时我做了两件最重要的事：

1. 改变王梓在班上的形象。

　　想要一夜之间改变王梓在学校的形象，对我来说很难，但是改变他在我班上的形象却很简单。第二天，我就宣布王梓成为我的"课堂助手"，帮我提醒学生记课堂笔记、划重点、课后交作业等。为了带头示范，王梓的课堂笔记自然要写得漂亮整齐。这招对他的听课效率和课后作业都有很明显的提升，尤其是为了让别人信服，他每次的随堂测都要求自己满分。

由于大家之前对王梓的印象不深，很快就被他的"学霸行为"征服了，我不在的时候，经常有家长在班级群里找他要笔记。王梓对家长也彬彬有礼，确实有几分军人的姿态。王梓彻底成了我们班的小班长。

2.改变王梓父母的教育方式。

父母是孩子的第一所学校，我课上盯得再死，如果父母持续做错误示范，孩子还是很难改变，所以我和王梓妈妈深入沟通了一次。一方面希望父母之间的争执不要让孩子知道，另一方面希望母亲克制住内心的歉意，用自身对待生活的积极态度去感染王梓。一开始，王梓妈妈听到孩子想当军人的时候非常反对，不过最终我们达成了共识：让孩子暂时以军人为目标，激励孩子学习、成长。毕竟只要成绩足够好，可选的职业太多了，孩子成长过程中志向是可以改变的。

在这过程中，王梓和我的关系也越来越好，每周我们都会有固定的谈心时间。小学阶段知识相对简单，只要孩子态度正确，积极性提上来，学习自然就好了。现在王梓已经升入初中了，为了磨炼自己的独立能力，他选择了住校，每周我们会通话一次。我能做的就是告诉他：孩子向前走吧，我愿在你的背后，与你一起向阳生长。

低年级的家长会面临如何培养孩子金钱观的问题，以下内容为我之所见，供大家参考。

1 让孩子了解家庭的经济来源。孩子如果不知道金钱的来源，往往会对钱的使用产生无所谓的态度，大手大脚。因此，要让孩子了解父母赚钱不容易，培养其勤俭节约的观念。

2 在孩子面前树立正确的消费观。孩子是父母的镜子，父母是孩子的榜样，因此父母首先要树立正确的消费观，理性消费，计划消费。

3 金钱观的教育要适度，不可过度炫富或装穷。家长要明白"过犹不及"的道理，不管是过度地使用金钱还是过度地装穷，都会养成孩子错误的金钱观。家长要培养孩子"富贵不能淫，贫贱不能移，威武不能屈"的品质。

学生顶撞老师怎么办？

教师档案

教师姓名： 郝冰澄

绰　　号： 橙子老师

辅导学科： 高中物理

教育理念： 道而弗牵，强而弗抑，开而弗达。

寄语学生： 最好不要在夕阳西下的时候幻想，而是在旭日东升的时候投入学习。

李硕一向是评论区的专业户，话特别多。有时候主讲老师上着课，他就带着同学们在评论区聊起了别的话题：

"有没有会打王者的？"

"加我 qq，带你。"

"你是哪儿的人？我是内蒙古的。"

一开始主讲老师会在课上提醒他认真听讲，但是几次之后，情况依旧没有好转。

跟他同一个班级的学员家长也发来投诉，说高中学习这么紧张，孩子会被评论区吸引，问我能不能给李硕禁言，毕竟关闭评论区的话也会影响学员正常上课。我一直在纠结，也多次和李硕父母沟通，得到的回复是："李硕在学校上课就爱聊天、走神儿，如果不让他说话，他一节课都坐不住。"收到这样的回复，让我有些犯了愁。

有一次，课堂上没有学生理他，李硕竟然自己在评论区玩起了成语接龙。我一看，顿时火冒三丈，当场下定决心：这个毛病必须给他扳过来！下课后，我和李硕通了电话，孩子理直气壮地向我阐述了上课说话的原因："我是男生，我爱说话怎么了？爱玩是应该的！我都这么大了，你管我干吗？！"

我几乎要气晕了。我们班上 30 多个男生，如果个个都像他这样，那我这个班主任就别做了。煎熬了一夜，第二天我找到了公司一位非常资深的家庭教育老师请教。

这位老师听了我的描述后，帮我梳理了思路，学生在课堂上爱说爱动，主要有五个原因：

1. 基础差，听不进去；
2. 已经会了，不愿意听；
3. 纪律意识淡，行为习惯差；
4. 想引起别人的注意；
5. 有了别的事情占据注意力。

李硕的情况比较偏向第 4 条原因。有些学生在课堂上捣乱只是为了引起老师或同学的注意。心理专家埃里克森曾指出，需要时刻获得他人的关注是人类的天性。一些学生由于无法从学习的过程中获得认可，便做出一些出格的行为吸引同学的目光。而"我是男生，我都这么大了，你管我干吗"这个理由，显然与李硕受到的教育有关系，可能是父母偶尔说话时带出来的主观态度，便被李硕当成挡箭牌，而且变本加厉。

所以，想要解决李硕的问题，一是要给他传输正确的价值观，二是给李硕更好的展示机会，发泄他多余的精力。

在这个过程中要小心"负强化"。"负强化"理论出自美国心理学家斯金纳，可以将之总结为一句话：学生会因为某种行为得到强化，从而提高该行为发生的概率。通俗点儿说，对于学生来说，不管是好的行为还是坏的行为，之所以养成，都是因为通过这种行为得到了某种"好处"。李硕总说"我是男生，我都这么大了，你管我干吗"，因为屡试不爽，所以会被他当作对待父母和老师的挡箭牌。

李硕就像大部分青春期男孩一样，有些叛逆，有些不服"管理"，甚至内心已将自己看成可以独当一面的"大人"了。

和李硕单刀直入地谈肯定不可取，于是我采用了迂回战术。我在班级中树立了"值日班长"，负责在上课时总结课堂重点，发在评论区里。这个"值日班长"可不简单，因为作为高中生，大家除了探讨学习知识外，高中生在评论区的"应援"呼声会非常高，大家都会认识他，这无形中就增加了"值日班长"的自豪感。

第一位值日班长是个男生，叫张哲。我在课前向大家介绍值日班长的制度时说道："感谢张哲愿意承担值日班长的工作，也希望班上的同学们可以踊跃报名，特别是男生。'我是男生'就意味着你们和女孩子相比，要承担起更大的家庭责任和社会责任。我希望你们明白，'我是男生'是勇敢、自信、责任的代名词，而不是你们放纵自己的理由。"

自从张哲开始在评论区为大家总结重点后，同学们的关注点就都在张哲身上，完全忽略了李硕。课后我也"大力扶持"张哲，每次课后张哲都是第一个上交课后作业的同学。有了榜样就有了动力，越来越多的学生发来私信想当值日班长，我也不遗余力大力扶持。评论区此起彼伏的"课堂重点"很快就淹没了李硕的信息，偶尔甚至还会看到他也跟着发一两句重点总结。

终于，在一个周六的晚上，我等来了李硕家长的电话。电话里家长跟我说，李硕吵着要当值日班长，但是不好意思找我报名，说班上的同学肯定看不上自己，希望老师能给个机会。我按捺住内心的狂喜，郑重地说："您放心，我会带着孩子成为一个称职的值日班长的！"

其实，在李硕之前，我认为学生的坏习惯就是要杜绝，可是当你面临的是高中生时，强硬的态度只会让学生更加叛逆，甚至造成与老师对抗的态度。家庭教育老师给我传授的经验对于李硕来说很受用，面对李硕这样的学生，有时候你反其道而行之，先去"弘扬"好习惯，削弱坏习惯的作用，反而更能达到教育目的。

在此有几点建议，家长可以参考下面的步骤处理此类问题。

1 不论学生如何搞怪，老师都不要给他过多关注，要冷处理。尤其是青春期的学生，不要正面对抗。

2 与此同时，要转移其他同学的注意力，让他们也不要关注他。

3 要告知什么是"正确的"。

4 表扬他身边优秀的同学，用榜样来带动。

最后一步很关键，当这个学生失去众人的关注时，必然会失望。此时要给他提供一个榜样，同时暗示他怎么样做才是对的，并引导他参与到对的事项中。慢慢地，那个有些叛逆学生就会向好的方向发展。

没有自信心，
我的孩子像个透明人

教师档案

教师姓名：肖瑶

绰　　号：肖肖奶奶

辅导学科：数学

教育理念：教学的艺术不在于传授本领，而在于激励、唤醒和鼓舞，让学习成为孩子一种自觉、主动以及独立的行为。

寄语学生：努力是奇迹的别名。

每节课都和学生连麦的我，遇到过各种情况；但像雯雯这样一上来就把妈妈推到镜头前的学生，我还是第一次见到。

屏幕里，雯雯的妈妈一直往镜头前拉她，让她做自我介绍，可雯雯死活不肯露脸。最后我和雯雯妈妈聊了几句，结束了这次尴尬的连麦。

课后我就收到了雯雯妈妈的私信求助：

"老师，我女儿今年 13 岁，目前上初一，不知道为什么这孩子非常缺乏自信，一点都不敢在众人面前表现自己。女儿成绩倒是挺好的，每次考试都是 95 分以上，写作业从来不让我操心，还是学校的'三好学生'。我跟她爸没有像其他家长那样，给她报很多班，只报了个声乐班，也是征求她的意见才报的。报这个声乐班的初衷也是为了能提高她的自信心，可是目前看来一点用都没有，让她在我们面前表演一下都不愿意。请问有什么好办法可以提高孩子的自信心吗？其实我自己就是一个不太自信的人，我一直很担心我的性格会影响女儿。最近听有的家长说，给孩子报个小主持人班，让孩子多练习当众说话就不怯场了。不知道这个管用吗？我是不是应该试一下？"

看到雯雯妈妈的求助，我突然想起自己小时候过生日的经历。那次的生日会，来了很多亲朋好友，我一直期待着晚饭后拆礼物的环节。然而母亲突然叫住我，把我拉到所有亲朋好友面前，让我跳在学校学的健美操。当时我特别不想跳，母亲却一再坚持，并威胁"不跳就没有礼物"。最后因为我哭得太惨，被爷爷拉走，才结束了那场难忘的生日会。

即使雯雯是歌手，也不可能随时随地让唱就唱啊！这本来是一件很正常的事，但是在父母眼里，就成了女儿"不自信"的铁证。很多父母会因为一些小事，对孩子产生主观判断，哪怕不直接说出来。父母的表情、态度会出卖自己的内心，孩子也一样能够准确地感知。"明明做得很好，为什么不敢去做呢？"这句话尤其典型，它传递的核心信息就是"你不敢""你胆小"。即使用最温和的语气说出来，也同样是对女儿的否定，而不是鼓励。

所以，我在收到求助的第一时间就回复了雯雯妈妈："你的孩子并没有不自信，她只是不想在那个时机表达。"为了验证这个想法，我和雯雯聊了很多：她喜欢什么，最近学习还好吗，班上有没有八卦，好朋友准备考哪一所初中，等等。谈话间，我发现雯雯非常喜欢手账，我立刻发出邀约："要不要给同学们展示一下你的手账？"雯雯犹豫了一下，说道："好啊！"

　　周六课后，雯雯和我连麦，先是用手机拍摄了她的工作台，一人高的架子上放满了制作手账要用的各种工具，架子外面套了一个粉红色的蕾丝防尘套，满满的公主风，班上一批女同学在评论区发出羡慕的尖叫。随后雯雯开始展示自己的手账，有专门用来记日记的，还有记笔记的，还有写每日计划的。原来每次雯雯上交的笔记照片，都是她随堂写下的内容，她在课后会把自己感兴趣的内容进行拓展，查阅更多的补充资料，然后记录在自己的手账里，并贴上各种漂亮的装饰贴纸，是当之无愧的最佳笔记！

　　那次展示后，雯雯被一致推选成了学习委员。我私下让雯雯录制自己做手账的视频发到 qq 空间，让大家集体学习。雯雯在我班上的那两年，我们班一直是新东方在线的最佳笔记班级，而且雯雯给大家拓展了非常多的课外知识，真的很感谢雯雯。

我想和所有认为自己孩子不自信的家长说：

1 从今天起，请彻底忽略"不自信"这件事，每天起床第一句，跟自己说："我娃完美，没毛病！"孩子是一个独立的人，不是 mini 版的父母，不是必然继承父母的某些特质。哪怕你就是一个不自信的人，但只要你不去给孩子这种评价，她就不会是这样的人。

2 孩子天生原本都是自信的，你看一岁多的孩子，一旦具备了基本的行动力，哪都想去，啥都敢碰，个个胆子大，自信心爆棚。为什么后来"不自信"了呢？那多半是家长"定义"和"暗示"出来的。

3 意大利教育学家蒙台梭利曾说过："我们对儿童所做的一切，都会开花结果，不仅影响他一生，也决定他一生。"不是每个人都要站在聚光灯下起舞，那些习惯站在角落的孩子也值得被尊重，他们也是完美的孩子！

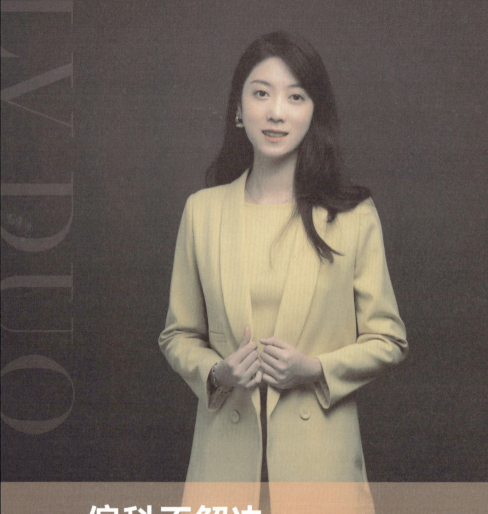

偏科不解决，
毁掉名校梦

教师档案

教师姓名：吕朵

绰　　号：朵朵老师

辅导学科：语文

教育理念：多一份赏识，就多一份成功的希望，愿知识的风帆带着孩子们驶向更远处。

寄语学生：一个人能否成功并非取决于天性，而是取决于习惯。

"老师！语文作文满分！全市排名23！"

孟楠的消息一来，我激动地拥抱了办公室的每一个人。

从初一开始，一路走到现在，孟楠就像我的亲弟弟一样。人人都说孟楠学习好又听话，可真让人省心啊。只有我知道，两年前的孟楠多么让人头痛。

从小学五年级开始，孟楠的语文成绩渐渐出现拖后腿的趋势，大大拉低了他的总分。到了五年级下学期，语文成绩几乎次次排班级倒数五名。孟楠说自己能听懂课，作业也照常写，可一考试就六七十分。在一筹莫展的情况下，六年级秋季学期，孟楠的妈妈带他来到了新东方在线。

在得知孟楠的情况后，一开始我盯孟楠盯得很紧，每次课后我都第一时间问他还有没有疑问，笔记记得怎么样。但我后来意识到，这在无形中给孩子带来了很大压力。他曾经跟我嚷嚷："我不喜欢学语文！语文死记硬背有什么好学的！我就是学不好语文，考好了才不是我的正常水平！"

教育一定要对症下药，既然孩子表现出对语文明显的排斥，就要先解决孩子的情绪问题。晚上我和孟楠的家长通了电话。孩子妈妈说最开始儿子上小学的时候，他们和其他大部分家长一样，都认为数学和英语最重要，应该着重培养。什么语文啊、思想品德啊，都是那种不用花太多精力也不会落后的科目。听了孟楠妈妈的话，我一针见血指出了家长的问题：

"这就是孩子学不好语文的根本原因了。最开始你们的轻视其实对孩子影响很大，你们不重视、不督促，对不同学科差别对待，他自己在心里也会慢慢觉得语文不重要，不需要花费太多心思去学也不会拖后腿。

"小孩和大人都不重视，其实就相当于撒手不管了，后来肯定就渐渐跟不上了，学习开始变得吃力。这样一来，孩子也慢慢失去了对语文学习的兴趣和信心，导致语文成绩越来越差。所以专项提高对孩子来说是不对症的，再怎么补也收效甚微。"

家长想了想，发现确实是这样。我建议给孩子换主讲老师。原先的主讲老师是博学型的，会在课上旁征博引，给孩子拓展很多知识，这种教学风格不适合现在的孟楠。他现在需要的是能够生动演绎课本、激发他学习兴趣的老师。当周我就把孟楠转去了另一个主讲老师的班级，我继续担任他的辅导老师。

　　第一节课的反馈非常好，孟楠说老师讲课总给自己"加戏"。我问他是怎么"加戏"的，他说老师讲人物的时候，就会像演员一样演起来，特别幽默。老师还编词把历史故事串起来，用流行歌曲的调子唱出来，孩子们都学着唱，唱会了，潜移默化中也把知识都记住了。这种讲课方式让孟楠觉得好像打开了新世界的大门一样。

　　讲《左传》和《史记》的那几天，孟楠妈妈突然给我打电话："老师！昨天儿子让我们带他去山西省博物馆参观。他不让我们租导游讲解器，儿子一路给我们介绍的！什么晋侯鸟尊、五鼎六簋，他都认识！他说自己来之前又把《史记》中的晋世家和赵世家重新读了一遍，免得在博物馆看到不认识的东西觉得没意思。"

　　"好啊！咱们乘胜追击！暑假给孩子报名去博物馆做志愿者吧！"

　　"好！"

　　孟楠得知要去博物馆做志愿者后，激动得不知所措，为了不被参观的游客问倒，他听课也越来越认真了。以前一节课能吸收20%的内容，现在能达到70%~90%了，评论区经常会出现他提问的身影。学校的老师也说，明显感觉到孟楠的知识面越来越广，很多时候在课堂上提问，孟楠能说出别人想不到的答案。肚子里的墨水多了，拿到作文题再也不犯难。语文成绩从60分到80分，再到90分，孟楠自己也能感觉到语文功底的提升，不再一提到语文只会说"我不行"了。

小升初的时候，孟楠参加了市重点初中的模考，语文单科成绩在全市排名前 60。现在回过头来想想，那会儿做得最对的事情就是先找到他偏科的根源，再去解决。希望所有的父母，都能在孩子心中放一杆秤，让孩子公平地看待每个科目，因为学科并没有高低贵贱之分。愿孟楠在未来的求学路上，乘胜追击，一路高歌猛进！

很多家长一定很困惑：我家孩子为什么会偏科？其实，学生偏科的现象很常见，偏科的原因也很多，希望各位家长找到孩子偏科的原因，对"症"解决问题。总的来说，偏科主要有以下三种原因：

1 个体差异。有的学生天生运动神经发达，所以更擅长体育；有的学生韵律节奏掌握得好，所以唱歌很好听；而有的学生抽象概括能力强，更擅长理科知识的学习。因此，家长们要知道这种个体差异是客观存在的。

2 将对不喜欢的老师的情绪转移到了学科上。学生对老师的授课方式、性格、阅历等方面存在认知偏见，由此产生对立情绪，从而导致不喜欢学习该老师教授的学科。

3 负面暗示导致兴趣丧失。很多学生往往喜欢自我暗示"我不行，这科太难学了"，而有的家长也在强化孩子这种逃避心理，比如常常把"他数学不行，他学习不好"之类的话挂在口头上。这种暗示会对孩子的学习积极性造成很大的挫伤，甚至产生"我无能为力"的认知，从而使孩子彻底丧失对该学科的学习兴趣。

"老师，我的孩子
是不是太笨了？"

教师档案

教师姓名：马亚楠

绰　　号：马萝莉

辅导学科：数学

教育理念：陪学生一起成长，和学生一起进步。我们可以相忘于江湖，但此刻我陪你同行。

寄语学生：学生的笑脸、家长的信任是我最大的幸福。

在我做辅导老师的第二年，遇到了明明，一个让我印象十分深刻的学生。他差不多每一讲交上来的作业都错误百出，连很基础的题都不会写，上课也没有在评论区发过言。

寒假班的时候，我们是连着上八天课，因为时间特别紧张，所以每次课程结束后，我都会录制练习题的讲解视频，方便学生在做完题的第一时间检查答案，也节省我一对一答疑的时间。班上的学生都没有问题，只有明明，课上学过一遍，课后再看一遍习题讲解视频，还是没学会。明明妈妈说每天都会督促孩子再看一遍课程回放，确实也看了，但是孩子依旧不会。有一次明明突然给我发消息："老师对不起，我随堂测还是不会，我会再看回放的。"

那一刻我心里十分难受，我觉得自己做得不好，明明需要的并不是一遍遍回放和讲解视频，而是直接沟通，是我工作没有做到位。

然后我就和明明妈妈说，我以后跟孩子视频连线，在线为他讲解。第一次打过去的时候，只有家长打招呼，明明可能是因为比较胆小或者害羞，一直不说话。刚开始问明明问题的时候，可能是因为不会，或者是害怕说错，他一直不回答。

我说没关系，我来说解题思路，你如果同意就点点头，不太理解就皱皱眉。他开始愿意配合我了。后面我问问题他也会回答，虽然经常回答得不对，但我也会让他说完，然后按着他的解题思路梳理下来，引导他自己发现漏洞。每次的随堂测，我都要给他讲解半个小时。

就在我觉得快要见到一些曙光的时候，我接到了家长的电话。

"老师，我是明明的妈妈。我最近一直在想，是不是明明脑子太笨了？用不用带他去测一下智商？要不我们孩子休一年学再上吧。我儿子是个心思挺细腻、会照顾别人情绪的小孩，但是我觉得他这种敏感也带来了很多负面的东西。就比如课上听不懂，这孩子老是憋着，不敢跟老师说。每周明明只在你这里学两个小时，你就算给孩子单独补习，也补不完他在学校落下的功课啊。"

回想起明明的那句"老师对不起，我随堂测还是不会"，我想，明明确实如妈妈所说是个很会照顾他人情绪的人，但我绝不相信他笨。

和明明妈妈沟通完，我在纸上写下我要解决的三个核心问题：

1.梳理明明的知识漏洞，从头补；

2.鼓励明明大胆提问；

3.打消明明内心对自己的怀疑（我猜明明多少感受到了妈妈对自己"笨"的担忧，因而有一些自我怀疑）。

于是我用了一个周末的时间，把小学的数学题从头梳理了一遍，带着明明一道题一道题地做，做完后核对答案、解析。我发现明明的运算能力很差，并且三年级以后的知识点掌握得不好，漏洞百出。这就是低年级的时候运算练少了，导致上课脑子转不过来，从而耽误新知识的吸收。好办！每天50道题，练！同时我开始给他补三年级的知识漏洞。

为了鼓励明明从被动接受知识转为主动获取知识，我给他做了个每日总结卡，里面包含当天的练习知识点、题目数量、正确率、错误原因、学有所问、问有所成。这里的"学有所问"就是让明明自己对完答案后，把有疑问的地方都写出来；"问有所成"就是让明明把老师的解答写在表格里。一开始明明不敢问老师，我就说你把表格给老师，老师写完了你带回来，我给你讲。就这样，明明踏出了第一步。

学校的老师看明明主动问问题也很激动，一回生二回熟，第二次老师便主动问明明要不要给他讲讲，明明支支吾吾地同意了。渐渐地，明明不再找我讲题了。明明妈妈的烦恼电话也改为了报喜电话。

老师就是这样，将学生一个个送上山峰，去仰望曙光。学生的进步就是对老师最大的肯定。

通过对明明的辅导，我深刻地认识到以下两点：

1 同样的知识点，对不同的学生来说难度是有天壤之别的。这也是为什么教育需要差异性。作为老师，应该去发现学生与学生之间的不同之处，在教导的时候采取不同的方式。同时，改变学生的学习状态要比教会他某一学科的知识更加重要。就像明明，让他变得更自信，敢去说、敢去问，才是真正的"授人以渔"。

2 家长千万不要主观地给孩子贴标签。孩子的脑部发育没有成年人成熟，在家长眼中很简单的问题，对于孩子来说可能是全新的认知，他需要时间来反复训练才能够掌握。家长要做的是帮扶、助力，而不是验收成果。我相信在小学阶段，只要给孩子充分的信任和帮助，他们就能学得很好。天下没有"笨孩子"。

"佛系"上学？吐槽他人
"假积极"的孩子是你吗？

教师档案

教师姓名： 马嘉林

绰　　号： 咖喱

辅导学科： 高中数学

教育理念： 成功的辅导教学应该是学生带着不同的问题来找我，经过辅导后再产生更高层面的不同的新问题。

寄语学生： 相信过程，现在流的每一滴汗水，都将是你走向理想大学的见证。

　　雅婷应该是"佛系学生"的最佳代表。从小学到高中，她一直属于班级里最没有特征的那类学生，学习成绩不算差，但也不是很好。把她丢在人群里，就宛如一颗小水滴掉进了汪洋大海，毫不起眼。这个年纪的孩子都渴望外界的关注，可她的朋友圈里没有自拍，没有表情包，也没有生活中的喜怒哀乐，只有空空如也的"三天可见"。

　　一次偶然的机会，雅婷和我聊起她对班上那些表现积极的同学的看法，她觉得"主动"是哗众取宠。俗话说，"枪打出头鸟"，因此她绝对不会去做那只备受瞩目的"出头鸟"。慢慢地，她觉得自己的这种状态很舒服，怡然自得，与世无争，便渐渐习惯了作为"观众"或"局外人"的角色。于是，雅婷变得越来越沉默，相应地，也不再采取积极的行动了。

　　实际上，在学生时代，外向、爱表现的学生是可以获得更多机会的，但并不是说所有的学生都必须这样。如果雅婷满意自己当下的状态，那我们就不必强行改变她。所以，在辅导雅婷的第一个学期里，我从未干涉过她。

只不过，"佛系"的学生也会有挫败感。雅婷想要申请"市级三好学生"，但在班级投票时，那些成绩不如她的同学都陆续入选。她既怕别人说她"出风头"，又担心万一没人推选她可怎么办，于是紧张、忐忑地熬过了一周。班级组织了两轮推荐，结果都没有她的名字。

"老师，我也想成为受欢迎的人，"在一个周末的课后，雅婷给我发来了私信，"班级里成绩比较优异且受大家欢迎的同学，我发现他们都比较积极，脸上总是洋溢着一种自信的笑容。相比之下，我的沉默让我看起来没那么阳光。我开始怀疑自己之前的想法了，不争不抢真的是明智之举吗？"

学生主动想要改变，自然再好不过了。于是我找到雅婷面谈，并提出了第一个建议："你的成绩一直不错，是因为你很努力，但你的学习方法还有待改进。好几次，明明随堂测没有做对，但是我问大家有没有疑问的时候你都没有说话。课后的作业不会写时，你也总喜欢自己闷着头去想。其实，主动问老师，不仅可以节省时间，还可以获得额外的'法宝'。学习的路很长，一定要学会主动请教。"

雅婷沉默了一会，说："原来你都知道呀……我一直习惯于自己一个人去想，总觉得请教别人是很丢脸的事情，甚至觉得那样有一点'假积极'。但最近我的考试成绩接连退步，我感到特别不安。我想，我真的需要改变了。"雅婷说完之后长舒了一口气，像是如释重负一般。

那次谈话之后，我和雅婷就开始了我们的改变计划。因为雅婷之前一直是自己闷头苦学，所以她的背诵能力很强，于是我就给她整理了一些英语和语文的背诵素材。后来，雅婷从一开始老师让背什么就背什么，慢慢变成主动去从课外书上找有意义和有价值的文章背诵了。

同时，我们还一起做了一个问题表。我让雅婷把学习过程中遇到的所有问题都随手记录下来，并且把老师的解答也写在旁边。一开始，雅婷只敢问我问题。直到一次偶然的机会，她终于在学校开口了。那是一个课间，雅婷背到一个含义很模糊的单词，极度不解时，英语老师刚好经过，雅婷下意识地"噌"地站起来，哆哆嗦嗦地从嘴里挤出几个字："张老师，您……您可以为我解释一下这个单词的意思吗？"张老师随后耐心地为她解答了问题。

"老师！！！我今天主动向英语老师请教了！！"下课后打开微信，我发现了5个未接来电和20条微信信息，全部是雅婷发来的，她的兴奋之情溢于言表。雅婷第一次发现，原来主动请教的感觉这么奇妙，既感觉老师变得更亲近了，又感觉自己收获了额外的知识大餐。最重要的是，"身边的同学来来往往，却没有一个人向我投来讥笑的目光，他们自顾自地看书、讨论……天啊，原来我把自己想得太重要了，其实，大家根本就没关注到我！"雅婷终于丢掉了"假积极"的思想包袱。

　　在我带过的学生中，有很多内向、害羞、文静、"佛系"的学生，都是因为尝到了第一次积极请教的"甜头"，才有了后来一次又一次接连不断的主动请教、主动沟通、主动参与、主动挑战。此外，他们在和老师的沟通交流中，也更加全面地认识了自己，看到了自己的不足和局限，并不断完善自我，试图成为更好的自己。

　　很多意想不到的收获，都是在主动争取的过程中产生的。为什么很多学生会喜欢所谓的"佛系"？因为他们并没有见过更好的自己。

　　"佛系"的少年们啊，你可曾知道，当一个人不积极努力的时候，生活只会越来越糟，根本就不会一直保持理想中的"随遇而安"。等你们长大，会惊讶地发现一个真相：学习，真的是人生之中最简单的一项工作。当你在青少年时期消极地应付学习，那就意味着，将来的你要为其加倍买单。

学习提示

　　青少年正处在人生中精力最旺盛的时期，若想将来过上自由舒心的生活，若想将来不因为日子拮据而唉声叹气，若想发现更优秀的自己，请一定要在行动上积极起来。真正有智慧的人并不是那些看起来无欲无求、很"佛系"的青少年，而是那些明确自己的目标，知道命运可以由自己创造的人。

　　一个人只有不断积极行动，让自己变得更好，才能最终拥有选择"佛系"的底气！

不学习！就要当网红！
愁白父母头

教师档案

教师姓名： 蔡佩纹

绰　　号： 蔡蔡

辅导学科： 英语

教育理念： 学员的笑脸、家长的信任是我最大的幸福

寄语学生： 滴水穿石，不是力量大，而是功夫深。勤奋是成功必不可少的因素。天才靠勤奋，记住啦！

"我的理想"是每个初中生必写的一道作文题。"长大后你想干什么？"面对这个问题：

50 年前，很多人都会回答"工人"；
30 年前，很多人都会回答"科学家"；
20 年前，很多人都会回答"公务员"；
10 年前，很多人都会回答"宇航员"；
如今的 95 后、00 后会怎么回答呢？

前不久，新华网发布的《95 后谜之就业观》调查结果显示：48% 的 95 后选择了毕业后不就业；而选择就业的人里，有 54% 的人最向往的职业是主播、"网红"。这样的结果令人感到十分困惑。

在互联网信息时代，孩子们很容易从各个地方获取他们想要的信息，也很容易接触到一些非正能量的信息。很多孩子因为缺乏分辨能力，把错误的价值观当成了人生理想。

楠楠就是这样一个孩子。初一时楠楠的一篇练笔，逗笑了班级群里的家长。"我长大之后想当一名'网红'，因为能赚很多钱。有钱了，我想干什么就干什么。如果有人'黑'我，我就找水军骂他。"楠楠的妈妈把这篇练笔发到群里时非常无奈："老师，我家孩子不管拿到什么标题，都写大白话，不光没文采，三观也乱七八糟，我该怎么办啊？"一语激起千层浪，群里的家长很快响应起来：

"我们孩子也说要当'网红'。"

"少让孩子玩手机，都是被互联网害的。"

"我们孩子班上有家长和孩子一起魔怔，天天拍视频想火。"

……

收到楠楠的练笔后，我私信发给楠楠妈妈几个问题：

1. 有没有和孩子聊过父母的职业、家里的经济状况？
2. 是否给孩子树立过榜样？
3. 平时下班回到家都做些什么？周末做什么？

楠楠妈妈很快回复了我："平时下班回来就很晚了，看看手机、检查一下作业就睡觉了。周末睡到快中午才醒，吃完饭就是各玩各的，父母在自己的房间看电视、玩手机，孩子自己下楼找朋友玩。从没有和孩子聊过父母的工作，孩子年纪不大，说了她也听不懂。榜样一直是有的，会经常让孩子向堂哥学习，堂哥考试次次都是100分，现在七年级了，在市一中就读。"

我想这就是楠楠想当"网红"的根源所在了。志向和理想是两代人之间永远的话题。要对孩子有良好的影响，最重要的是态度平和、诚恳，肯坐下来和孩子交流。在人生路上，我们肯定都有过坎坷，当和孩子讨论他的志向时，不要试图去操控他，而是要讲述自己曾有过的志向和理想，谈谈曾付出的努力、犯过的错误、遭遇的转折，让孩子去感受父母在为理想奋斗过程中的跌宕起伏，将这些经历与孩子的成长结合在一起。相信在适当的时候，这会给予孩子提示和力量，让他有能力和勇气去应付未来的职业和人生的挑战。永远不要有"孩子太小，他听不懂"的想法，真的等孩子长大了就晚了。

同时，孩子的世界不同于父母的世界，父母认为合理的未必适用于孩子的世界。比如父母爱跳交谊舞，可女儿喜欢现代舞，此时父母不应左右女儿的喜好。在接纳之余，父母可以做出表率，如果父母践行"光盘"行动，孩子也会被影响，从而变得更有社会公德，即使他以后真成为"网红"，也是个有社会公德的"网红"。

于是我与楠楠的父母沟通，对楠楠与父母的相处模式做了如下建议：

1. 增加每日的沟通时间。

晚饭后和孩子一起聊聊今天的学习和工作。核心原则：不对别人的生活指手画脚，我们要分享心情，而不是"指点江山"。要告诉孩子：不只学习辛苦，成年人赚钱也是很辛苦的，每一分钱财都来之不易，让孩子对钱有正确认知。但是注意不要哭穷，父母要给孩子经济上的安全感。孩子也会有虚荣心，彼此之间也会攀比，当需求得不到满足的时候，就会产生自卑感，丧失安全感，这样孩子就容易"走岔路"。家长要让孩子知道，家里不是没钱，而是每一分钱都来之不易，不能乱花。

2. 带孩子见识更广阔的天地。

榜样绝不仅仅是邻家考满分的哥哥。根据孩子的情况，我推荐了萌萌老师的课程。新东方在线的英语课会提升学生的格局和眼界，同时我们也需要让孩子看看优秀的人是怎么样的。萌萌是一位非常优秀的英语老师，我相信她会点燃孩子的热情，带领楠楠用全新的视角看世界。

3. 改变家庭氛围。

知识改变命运，全家人都要学会放下手机，去拥抱知识，拥抱世界。我给孩子罗列了一份阅读书单，里面人物传记占了60%。阅读既能吸引孩子的兴趣，又能启发思考。我还给楠楠的父母做了阅读卡片，父母可以根据阅读卡片上的开放式问题，引导孩子思考。为什么很多孩子没少读书，但却没有看到读书的效果？就是因为书里的内容没有内化成自己的知识。孩子阅读的初期，一定需要家长、老师的引导，才能找到正确的阅读方法。

"阅读＋引导思考"的方式，给楠楠带来了很大变化，她发现这世上有更多值得关注的人。比如特斯拉创始人埃隆·马斯克不光能产车，还能造火箭；又比如奥巴马除了做美国总统，还用他激动人心的演讲激励了世界各地的年轻人。

"读书有什么用？没有'网红'赚钱快，最后也是给别人打工。"说这话的人往往是书读得还不够多。当你读了足够多的好书，有了足够多的思考，自然就不会有这些疑问了。

　　让孩子形成正确的价值观、金钱观是父母一定要下功夫去做的一件事。孩子一天天长大，社会上的诱惑越来越多，欲望也越来越难填，一个不注意，孩子就会为金钱迷失。父母要防患于未然，帮树立孩子正确的观念。钱不是高于一切的东西，更高贵的是人自身的品质和价值观。穷不可怕，富也不高贵，不上进的人才会被社会看不起，靠自己拼搏的人才会受人尊敬。

成绩突然下滑，
找找家庭原因

教师档案

教师姓名： 石紫薇

绰　　号： 紫薇姐姐

辅导学科： 英语

教育理念： 用一颗心陪伴另一颗心的成长。

寄语学生： "前程似锦"与"未来可期"都是值得你努力的动力。

　　期末考试之后，陈洋的成绩下滑了20名，排到了班级第27名，年级第286名，我和家长都感到很意外。

　　在此之前，陈洋的成绩一直很好。高中生补习有一个普遍规律：成绩好的学生上大课，成绩差的学生上一对一。也就是说，自律、会学习的学生倾向于上大班课，他们喜欢大班的氛围，人多反而会激发他们的斗志；基础差一些、自律能力不足的学生往往会选择一对一，在老师的监督下，学习效果会好一些。陈洋就是那种上大课并且成绩越来越好的学生。

　　按照陈洋之前的状态，高三稳定在班级前五名，考重点大学肯定没有问题。并且陈洋的家长也十分重视孩子的学习。陈洋上高中后，他们放弃了外面的事业回到家乡，决心在这关键的三年时间里好好陪伴孩子，期望陈洋考上一所好大学。

　　可是陈洋并没有体谅父母的良苦用心。陈洋妈妈告诉我："他在家极度反感我们跟他谈成绩，只要一谈成绩就很不耐烦，并多次说'你知道我学习有多辛苦吗？如果你不满意我考的分数，就自己去考啊！'把人气得半死。我和他爸为他做了那么多，他一点都不懂事！"说到激动之处，陈洋妈妈流下了眼泪。陈洋多次提出住校的请求，但家长担心孩子一旦住了校，很可能就像脱缰的野马彻底放松自己，所以没有同意。结果，孩子和父母的关系愈加紧张。

在我教过的学生中，80% 以上成绩下滑的原因与家庭有关。周末我和陈洋做了个电话沟通，陈洋的声音听起来闷闷不乐。"陈洋，今天咱们不谈成绩，跟我聊聊生活吧。快上高二了，你们要分班吗？"一听不谈成绩，陈洋明显轻松了许多，跟我大吐苦水，说班上越来越多的人住宿，自己每天上下学要两个小时，周末学校还不让走读的学生进，太难了。爸妈也不理解自己，天天就是念叨他们为这个家付出了多少，放弃了多少。"我晚上睡觉，我妈都要偷偷进来看我有没有玩手机！我都快成年了！他们懂不懂什么是隐私！"陈洋越说越激动，我也渐渐明白了他成绩下降的原因。

对于成绩优异的学生，老师和家长都不要过于打扰。我以前教过一个学生，她在班上成绩拔尖。家长私下里常希望我能在学业上给予孩子更多帮助，我告诉家长，老师不找她恰恰是在关心她。家长听了有些不高兴，我解释说："您女儿各方面都很不错，如果我频繁找她，就会让她觉得自己是不是哪些地方做得不好，从而动摇对自己的信心。"家长听后就理解了，学生后来考上了本地最好的学校，毕业后和我关系也不错。

孩子上初二以后，父母一定要学会放手。低年级要陪好，高年级要陪少。然而很多家长恰恰相反，孩子小时候不怎么管，等上了高中却开始密切关注，生怕孩子走歪路。其实，孩子的秉性在小时候早已形成。像陈洋这样优秀的学生需要的是父母的信任和支持。于是我针对陈洋的情况给出了以下几个帮他走出烦恼的建议：

1. 和父母理性沟通，说清各自观点的利弊。

在陈洋的家庭沟通中，父母永远是用权威者下达命令的语气，导致陈洋出现逆反心理，下意识反驳父母。因此双方需要坐下来，说清楚各自观点的利弊。比如，父母坚持陈洋住在家里，是为了饮食上确保孩子吃得安全、健康。同时父母认为他不够自律，有父母监督会更专注。陈洋坚持住校是因为可以节省路途上的时间，并且班上越来越多的人住校，给了他很大压力。如此一番沟通之后，彼此都了解了对方的想法。

2. 认识并改变不合理的认知。

不合理的认知往往是导致一个人行为偏差的重要原因。于是，我分析了陈洋不合理的认知——从众心理。住校确实可以节省更多的时间，重点是多出来的时间要用在哪里？是否做好了计划？否则盲目跟着其他同学一起住校，反而是浪费时间。你的室友会不会打鼾？会不会熬夜刷题？会不会去网吧？这些问题有没有想过。想清楚当下是否需要通过住校来获得更多的学习时间，学习时间要花到哪里、怎样利用，室友有可能会是谁，自己能否和他们愉快相处，再做决定也不迟。

3. 重新审视自己的学习状态。

在高考考场上脱颖而出的孩子，绝不仅仅只是把知识点背熟了，高考是对考生的知识掌握、复习策略、答题技巧、考试心态等方面的综合考查。如果因为和父母的矛盾导致成绩大幅度下降，那么我们需要重新审视，孩子是否真的具备了"优秀考生"的所有素养。我们不能保证高考那天不出现任何影响孩子心情的意外，但我们可以提前训练孩子的心理素质，让他平稳应对人生的每一场考验。

最终，在陈洋的坚持下，他还是住进了学校。由于提前做好了准备，住校并未对他产生任何负面影响。

学习提示

在我教授的学生中，学生成绩突然下降主要有以下几个原因：

1 遭遇家庭变故；
2 亲子沟通不畅；
3 升学阶段不适应；
4 罹患身心疾病；
5 老师教育方式不当；
6 注意力不在学习上。

希望父母在面对孩子成绩波动时，不要急于问责。都说"一个问题孩子的背后有一个问题家庭"，正视孩子就是正视自己的不完美，接纳孩子就是接纳自己。

第五章　教育初心

CHAPTER FIVE

先懂父母心，
再做教书人

教师档案

教师姓名： 江雨禾

绰　　号： 酱酱（Ray）

辅导学科： 初中英语

教育理念： 帮孩子成为学习和生活的主导者

寄语学生： 后浪奔涌的时刻就是现在，也许你还不够强，我愿陪你乘风远航！希望同学们能够主动做自我学习和生活的掌控者，坚持到底！

2020 年的开年，对 14 亿中国人而言，注定不平凡。

1 月 22 日武汉"封城"，全国抗击新冠肺炎病毒的战"疫"吹响了冲锋号。来自全国各地的优秀医务人员在春节期间舍小家为大家，逆风而行，驰援武汉及湖北的其他市县。

从疫情发生的那刻起，许多人的角色都发生了改变：一线医护人员成了战士，老师成了"主播"，社区干部成了门卫，父母成了"班主任"！

新东方在线第一时间决定面向全国所有学生免费赠送春季课，帮助孩子们在漫长的假期中"停课不停学"，用知识缝制铠甲，与疾病进行"战斗"。于是辅导团队在正月里迅速集结，开始了线上教学。

4 月的时候我收到了一位母亲的私信。

"雨禾老师，非常感谢您的用心！小凯第一次接触网课，很喜欢这种上课方式，最重要的是你和张老师都是难得一遇的好老师，我们很幸运能遇到你。

"小凯在班里一直是第一，以前孩子挺骄傲的，觉得自己最厉害，别人都不行。前两天孩子跟我说，'新东方在线的老师教的东西，学校老师从来没讲过，来了这里才发现全国有这么多厉害的学生，自己要努力学才行'。我听了很欣慰，也想让他在高中之前都跟着您和张老师一起学下去。

"但是疫情以来，我们家的店已经三个月没开门了，镇上有规定，不让营业。我们没赚到钱，现在家家日子都不好过。能不能跟您申请下，让孩子晚几个月交学费，我们熬到能开工就把钱还上。"

看着这位家长的私信，我想起了我的父母。11 岁的时候，爸爸逼着我学小提琴，我哭着说："班上的同学都只有五六岁，我站在那里像个傻子，我不学！"后来爸爸告诉我，他总记得他带我去他同事家玩的那一幕。当时我摸了摸他同事女儿的钢琴，结果被同事女儿推开。父亲心疼我，但他买不起昂贵的钢琴，这件事他一直耿耿于怀。所以，后来家庭条件变好了，他严格要求我拉小提琴，也是为了今后的我不再因为物质条件的缺乏而错失学习的机会。

师者父母心，此言不虚。"教师"这个称号给了我责任和义务。与家长的每一次沟通，给了我父母之心。做老师越久，越会明白每个孩子都是一整个家庭心血的凝结，我不能辜负他们，我也理解了自己在年幼时享受了多少父母无言的爱。

孩子们，我很感谢你们会时常想起我，你们感激我对你们的付出，也请千万不要忽略了身边至亲对你们的付出。上网课的这段时间里，父母替你操心了所有的事情。在你上课的书桌上，总是少不了他们为你准备的面包、水果、热开水；在你一心上课的时间里，妈妈把冰箱里里外外看了好多遍，想着换个花样给你做吃的，好让你能多吃一碗饭，学习更有劲头；在你熬夜写作业的时候，爸爸妈妈也没能安心睡去，他们还有更多需要的担心的事情，也是你不知道的事情……

疫情发生之后，当你们为延迟开学欢呼的时候，你们的父母却在为延迟复工一筹莫展，摆在他们面前的是真实存在的困境：家里的房贷、车贷，每个月到了固定的时间都要还的；日常生活开销又高了一点，但是收入却几乎为零；不知道什么时候能复工，会不会遭遇公司倒闭、企业辞退……让他们忧虑终日的不仅仅是你的学习，还有这个家庭的日常生计，以及你的遥远未来！

武汉的疫情比较严重，大人们还要牵肠挂肚那里的亲人：是否吃饱穿暖，是否安全，是否健康？武汉的一些家庭甚至还面临生离死别的痛苦。你们的父母生怕这个小家再遇到一点点风雨，也生怕因为一时的困难，让你输在了这场"战役"上，将来和其他孩子拉开了距离！

孩子们，这就是你的父母！在你埋怨他们的啰唆之后，他们依然笑脸相迎；在你责怪他们的严格苛刻后，他们依然默默付出；在你任性闹脾气的时候，他们仍然试着理解你、相信你、深爱着你！

孩子们，这是一个特殊的假期，自律的孩子会利用好这段可以默默努力的时间，成绩越来越好；而贪玩的孩子会被远远地甩在后面，差距会越来越大！

前几天，班上有家长告诉我，孩子不好好上网课，作业马虎，说一句顶一句，可以想见这位妈妈心里会有多难过。孩子们，请永远不要觉得，父母爱"好看的成绩"胜过爱你！这是对他们最大的误读，也是对学习最大的误读。在校园外面的那个社会里，处处都有竞争，而机会和成功总会更垂青于那些努力而又自律的人。试卷上的那个分数，不一定能代表你真实的水平，却能反映你在这段"在线学习"的艰难旅程里，在这场"抗疫"攻坚战中，有多自律！

孩子们，你今天的自律，一定会在未来成就自己！

人的一生是有限的，如果你能在成长的这些岁月里，在这段非常特殊的空中课堂学习中，养成一些好的品格和学习习惯，进而快速成长，变得更优秀……那么，等到可以完全放手之后，长辈们也是心安的。

亲爱的孩子们，愿你选定了远方，便只顾风雨兼程！愿你历经坎坷，依然目光坚定！愿你懂父母心，愿你有少年志！

SHANG YI MING

在教育的路上固守本心

教师档案

教师姓名： 单怡铭

绰　　号： 阿单

辅导学科： 初中理化

教育理念： 没有笨的学生，只有不好的老师，而好的老师能让孩子们爱上学习。

寄语学生： 所谓"学问"，不仅要学，更要去问。只要你来问我，我会讲到你懂为止。

2020 年，距离我第一次当辅导老师已经过去了整整五年，那时刚上大一的我就开始带学生。时光荏苒，岁月如梭，每每看着自己带过的学生一点点成长起来，心中都有着说不出的自豪与感动。

今年，在与新年级学生家长的语音通话中，有一位家长一上线就亲切地大声对我说：

"单老师，真的是您，您还记得我吗？我是小磊的妈妈呀，我儿子是 2018 级的，也是您带过的学生。今年我小女儿也上初中了。"

"记得，记得，当然记得，每年教师节还会给我邮寄贺卡的那个'小淘气包'。"说完我和家长一阵大笑。

小磊就是我在大三兼职时带过的学生，特别调皮捣蛋，别的同学都在听课，唯独他常常走神、不听讲。一会儿在评论区发消息说老师我请假上个厕所，一会儿说老师我的笔记本不见了，一个十足的"淘小子"。小磊跟主讲老师连麦互动的时候经常做鬼脸，不仅自己成绩上不去，还打扰了其他同学听讲。

小磊的表现不禁让我想起在做辅导老师前看过的教育心理学书籍，里面就提到了不管是课下活动还是课堂上，总有些喜欢调皮捣蛋的孩子。他们不是生理上的多动症，而是为了获得更多的关注，而小磊的表现正是如此。

在和小磊的课后交流中，我发现他其实很不自信，总想得到更多人的肯定。我和主讲老师沟通了小磊的情况，决定帮小磊找回自信。主讲老师负责课上多与小磊连麦互动，鼓励他回答问题；而我则在课后通过课后作业和群内班会的形式肯定他的课堂表现。

在这个过程中，我发现小磊脑瓜特别聪明，以前只是将注意力用错了地方，现在帮他"找补"回来。课上课下两位老师紧盯小磊的学习状态，引导他将注意力用在学习上。这样一来二去，小磊在评论区除了不再调皮捣蛋，还主动参与学习互动了，尤其是物理的学习进步很大。他的妈妈也惊讶于他的改变，感叹"淘气包也有优点了"。小磊的成绩提升了，人也变得自信了，当年的小淘气包已经变成了文明懂礼的小学霸。

在多年的辅导中，我发现老师对学生的态度对他们有着巨大的影响力。老师肯定越多，学生进步就越大；信任越多，学生做得越好。美国著名心理学家罗森塔尔也做过这样的实验：1968年，罗森塔尔及其团队对某学校6个年级各3个班的学生进行了一项名为"预测未来发展"的实验。研究人员带着赞赏的口吻，把"最有发展前途"的学生名单告知校长及教师，并叮嘱他们保密。尽管如此，老师仍然会在上课或与学生的接触中，表现出对他们的信任、赞赏，甚至他们犯错也没有受到严厉的指责。几个月后，这些学生的成绩大有进步，变得更开朗，求知欲增强，师生的感情也更好。但事实上，研究人员给校长和老师的名单，不过是他们随机抽取的，并没有经过任何测试。

孩子在很多时候并不清楚自己做出某种行为的真正原因，需要依赖自己尊敬、信任的人对自己的期望刻画自己内心的需求。大部分孩子最信任和依赖的人就是老师和家长，假如老师或家长指责孩子蠢笨、不听话、没有取得好成绩，那么孩子会通过各种行为来证明他们的话，最终自己也认为自己真的又蠢又笨。

当老师和家长夸奖孩子很聪明、学习会越来越好的时候，孩子就会遵从他们的期待，把这个期待变成自己的期待，相信自己很有天赋，之后在无意识中更加努力，通过考个好成绩来证明自己的聪明。

同理，当老师和家长期待孩子变得更好，那么孩子就会更积极地行动，证明这种期待。合理的、可预测的期待可以让孩子更加积极向上，对事物的求知欲更强，面对生活更加乐观。

作为老师，如果遇到学生上课不听讲、课后不写作业、学习成绩不好等问题，应该反过来看看自己的教育方式是否出了问题。我常常说，学生也是我的导师，因为老师对学生的态度会影响他们的行为，而学生的行为也会反映出老师的水平。做辅导老师这些年，我一直从学生身上寻找自己的不足，促使自己不断前进。

有很多家长在连线中都和我说过相同的话："单老师，比起我们，孩子更喜欢您，也更愿意听您的话。"

辅导老师是掌握教学技能的专业人士，我们了解学生的心理，会运用"定目标""讲道理""给奖励"等多种方式，让学生感受到教育的权威性。有些父母表示，这些方法自己在家里也能用。的确，很多父母在家也会给孩子"定目标"，比如每天几点起床、几点睡觉、背多少个单词等，但很多目标立了没几天就实施不下去了，因为父母自己不能以身作则。很多父母在家也会给孩子"讲道理"，但因为缺乏耐心，讲着讲着无名火上身，就变成了指责孩子，导致一场家庭战争，还有可能把孩子吓得心门紧闭。很多父母也会给孩子奖励，但一来二去却让孩子变得无利不起早，适得其反。在辅导孩子这方面，家长们可以经常与主讲老师和辅导老师进行交流。

小磊妈妈曾问："为什么如此关照小磊？"我只能说是出于老师对学生本能的爱。"新竹高于旧竹枝，全凭老干为扶持"，我一直认为，爱是教育的灵魂，只有融入了爱的教育才是真正的教育。我想好的辅导老师应该是学生心灵的补给站，是学生成长的动力、前路的明灯。

做孩子生命的点灯人

教师档案

教师姓名：龙美玲

绰 号：龙龙

辅导学科：数学

教育理念：信奉因材施教，教育的成功并不仅仅在于培养最优秀的人，还在于培养天天有进步的人。

寄语学生：你是泊于青春港口的一叶小舟，愿你扬起信念的帆，载着希望的梦想，驶向辽阔的海洋。

入秋了，也开学了。几个月前的那场高考，仿佛就在昨天。

上周我收到兰兰特意拍给我的录取通知书开箱视频。看着兰兰灿烂的笑容和清华大学以紫色为主色调的录取通知书，我的思绪不禁被拉回到了半年前。

兰兰是我在线大班课的一名学生，成绩一直很稳定，按照原有水平，考上理想的大学应该是没问题的。2月份的时候，我第一次接到了兰兰的求助电话："小龙老师，我最近总是感觉很焦虑，所以现在没有办法好好集中精力学习。"

通过沟通我了解到，自上次摸底测试后，兰兰就感觉自己脑子转不动了，脑海里被很多乱七八糟的事情占据。别的同学现在都在争分夺秒地高效学习，而她却不知所措，学习效率低下。她觉得自己不能考上理想的大学了。

"兰兰，你理想中的大学是哪里呢？"

"清华。"

"那兰兰，你上次摸底考的成绩可以上清华吗？"

"上次摸底考的成绩是年级第五名，离去年清华的分数线差10分。我现在有些不知所措，感觉压力好大，但我不敢告诉我爸妈，感觉他们可能会比我更崩溃。小龙老师，请您帮帮我吧！"

兰兰有困难，第一时间想到我，我很感动。但我又深感这件事责任重大，好在她的情况我可以感同身受。因为我在高三那年也遇到了与兰兰一样的困难，是我当年的班主任帮助了我，使我走出困境，最终考上了理想的大学；也是班主任无私的帮助，让我在心里埋下了坚定的信念，所以在毕业后，我毅然地选择了教育这条路。

兰兰的问题，是内心的防御机制在作祟。兰兰陷入学习焦虑的困境，根本原因是不确定自己能不能完成考上清华的心理诉求，是向好的意识没有得到正确的引导。作为老师，我要用正确的方法引导她，帮助她走出困境。

兰兰的主要问题就是缺乏自信心和心态没有调节好。当孩子有信心去面对压力事件时，就能感受到对于事件的掌控感，这一点非常重要。他们如果可以把控事件的走向，对自己应对困境有足够的信心，就会形成一种积极的心理暗示。

从与兰兰的交流中我知道，兰兰之所以对清华有很深的执念，是因为对梁思成和林徽因两位"先生"的崇拜。有偶像当然是好的，但我也想请兰兰确定，自己想要学习的内容，是因为对偶像传奇经历的崇拜，还是对包含测量、测绘、美学、力学、灵感、历史、创意等因素的建筑专业本身的喜爱。兰兰对我说，五岁的时候，父母第一次带她到清华大学参观，她就被校园里的建筑深深吸引了，当时不知道那是什么感觉，长大后知道那是一种震撼。兰兰从小学三年级开始，一直在课余时间学习美术，就是在为报考清华建筑系做准备。

确定了兰兰对学习的认知，我就放心了。人的认知内驱力往往和学习是互惠的，认知内驱力驱动学习，学习增强学习内驱力；在有目标的学习中，学习内驱力就是自信的源动力。

我把自己的经验传授给兰兰。高三的最后一个学期，我也出现了兰兰这样的状态。我当时的班主任告诉我，不要时时把"马上就要高考了"这句话挂在心头，不要给自己制造过多的焦虑、紧张和恐慌，就像原来的每天一样学习。其实我的学习成绩一直都不错，从那天起，我每天都会告诉自己："我很优秀，只要按照原来的状态学习就行。我可以的！"除此之外，我每天都会留出半小时去操场跑步，运动不仅帮我纾解了压力，同时还帮我增强了体质。原来的我，每个月都会感冒一次，自从每天坚持跑步，整个高三下半学期我都没有感冒过。家里人也给了我很大帮助。我出生在一个南方小城市，我现在还记得，考试前的那天晚上，我们全家还出去散步，在江边拍照发朋友圈纪念。我不断地告诉自己，做人应该胸中有丘壑，眼底存山河，高考只是人生长河中的一瞬间。"尽人事，听天命"，无论结果如何，只要努力了，一切就都是最好的安排。

在快要高考的那段日子，我和兰兰每周都会语音聊天一个小时，聊一聊学习状况，聊一聊大学生活，聊一聊最近的时事等。我很幸运成为兰兰的倾诉对象，我希望自己不仅是她的辅导老师，更是心灵上的朋友。

从当辅导老师的第一天起，我就从没有把这个岗位只看成是一种职业。在我心里，教书育人是人类最伟大的事业，帮助每一个孩子走出蒙昧，获得光明是我一生事业的追求。从业至今，我遇到了不止一名兰兰这样的孩子。我也从一开始的慌张不得法，到现在的胸有成竹。我通过无数次的学习、思考、研究，给这些孩子提供了有针对性的帮助。

有许多人喜欢把老师比作辛勤的园丁，比作红烛，比作阳光和雨露，而我却更愿意把自己比作孩子成长路上的点灯人。每个孩子在成长的道路上都会遇到困惑和迷茫，我希望自己能把智慧播撒到每个孩子的心中，照亮他们人生的道路。

PART THREE

花开须有时，
唯有静待之 家庭篇

当有人发问："在今天这样的世界里，我们到底要如何带领我们的孩子？他们将来的世界究竟会是什么样的面貌呢？"龙应台说："我愿从容地等待，在孩子的身旁陪伴他静静地成长。孩子你慢慢来，慢慢来。"

孩子承载了父母的爱与期盼，家长们在教育孩子的过程中，展现的不仅是能力，更是教育智慧。本章节辑录了一些被家长检验过的教育方法与教育观，希望各位家长可以在播种与耕耘中，在细心呵护中，在长长的等待中，去收获一份内心的宁静和美好！

第六章 教育方法
CHAPTER SIX

家有"拖拉"大王，
先要培养时间管理能力

学 生 昵 称：卓文

年　　　级：四年级

学 习 时 长：72 课时

未 来 理 想：我想当一名像爸爸一样的警察，每天守护城市和家里的安全，向爸爸敬礼！

想对老师说：贞贞老师有一头漂亮的头发，眼睛大大的，非常幽默。老师，谢谢您！因为您我爱上了语文，相信我，我语文一定会考班级第一的。

父 母 赠 言：期待我的孩子虚心学习，取长补短，不断进取，将来认认真真做人，踏踏实实做事。愿你积极上进，思想不凡。感谢新东方在线的老师帮我们解决孩子的成长问题，孩子遇到您，真是我们的幸事。

"早上起床磨磨蹭蹭，喊一下应一声，可身体还是不动。"

"吃个饭也要催，玩一会儿吃一会儿，真是没耐心等他慢慢吃完。"

这两句话几乎每天都要出现在我们家，孩子的磨蹭每天都要被家人吐槽一圈。卓文给人的印象就是一个磨蹭的孩子。

能怎么办呢？只有不停地催促，可是收效甚微，甚至陷入了我越催、孩子越慢的怪圈。到孩子三年级时，已经变成我不说，他就不做，什么都不进脑子里，就等着别人提醒他的状态了。

为此我还曾经付费咨询过专家，专家说："孩子的时间观念是随着成长逐渐建立起来的。他们对于世界的万事万物都充满了好奇，无时无刻不在探索、发现，并享受这个过程，因此孩子的成长节奏和大人是不一样的。父母要学会等待孩子。"对小学生特别是低年级小学生来说，时间管理异常困难。他们对时间的感知还未发展成熟呢，你就想让他们管理？

所以，我们首先要做到的是不要高估孩子的能力，也不要过高要求，不要过高期望。但要说训练方法，我认为还是有一些非常有效、值得尝试的方法的，现在分享给大家。

1. 加强孩子的时间感知能力。

一些书上说低年级的孩子拖延、磨蹭，往往是因为对时间没概念。我想着孩子都 10 岁了，不至于，但没想到一测试，孩子真是一点时间概念都没有。各位家长也可以试试，不借用任何计时工具，比如手表、手机，让孩子完全凭着自己的感觉写 10 分钟作业。我家孩子磨磨蹭蹭，边玩手边写，23 分钟的时候问我："妈妈，快到 10 分钟了吗？"当时我都要崩溃了。

这也让我意识到，当我跟孩子说"快快快，10 分钟内必须抄完词语"的时候，我觉得指令已经够明确了，但是对孩子来说其实并不清晰。因为他并不知道 10 分钟有多长，或者即便是面前有个钟表，他也会由于不知道自己写一行字要多久，因而不能确定自己要不要加快速度。

　　加强孩子的时间感知能力，一定要从小事渗透。我现在每天带孩子散步，都会问他："你觉得咱们俩刚才走了多久？""你觉得从这里到××需要多久？"吃饭也会让他估算吃了多久。有时候会限时让他背课文，20分钟内背不完就没有小奖励。他着急忙慌背完了，发现只用了12分钟。在每个细节里加强孩子对时间的感知，很快就会看到效果。

2.把主动权交给孩子。

　　很多书上都会说让孩子自己做计划，一开始我很质疑这个说法，也不知道如何执行，但后来慢慢找到了门路。对于自控力差的孩子，不要一开始就完全放手，先给孩子两三个小时让他试着规划。比如，今天20:00前写完作业，你就可以获得半个小时的自由活动时间。至于怎么写作业、先写哪科，让孩子自行安排。自己定的计划，孩子更愿意去执行，还会带来强烈的自我满足感，这对他们自律性的培养有极大的帮助。如果只是服从家长的安排，他们会越来越有依赖性。

　　等孩子可以安排好时间了，再带他做学习规划，包括提出目标、分解任务、落实执行等。一开始孩子的目标可能定得太高，或者太低，不要立刻打断他，悄悄引导。如果引导不过来，就让他按着自己的目标做，栽跟头也是一种成长。等孩子撞了南墙，再引导他调整目标。

在这过程中，父母一定要守信。孩子完成了学习任务，有进步，既然答应了他可以有自由时间，就要尊重他对时间的安排。一开始，我看到他选择打游戏、玩电脑，特别生气。但是老公说不能反悔，一次失信，孩子就再也不相信我们了。所以每次孩子自由时间选择打游戏，我就离开"案发现场"，眼不见为净。或者老公带孩子下楼玩，反正半个小时是奖励的，还不如用来强身健体。

3. 培养做事优先级。

学会规划时间之后，我发现孩子经常弄不清事情的轻重缓急，比如周末经常先安排自己喜欢事做的，把所有跟学习相关的事都往后推，导致周日下午匆忙赶作业，牺牲了预习和复习的时间。所以，我又从新东方在线的家庭教育中心学了"四象限时间管理法"，先划分事情的优先级，再做学习计划，最高优先级的工作必须第一时间完成。

孩子一开始很难适应，我和他爸就陪着他一起用四象限表划分待办事项的优先级，全家互相监督，睡前还有评比会，孩子也就不那么抵触了。

在这个过程中，我和孩子爸爸也有了很大改变，卓文让我们也变成了更好的家长。经常有人问我："如果孩子的时间规划不合理怎么办？"不合理几乎是百分之百的。但是你不用急着去纠正这纠正那，如果执行过程中发现比较大的偏差，你们一起回顾计划时，孩子自己也会发现，这样他就知道哪里合理哪里不合理，下次做计划就更有经验了。

　　前几天读一本书，书中提到"养育孩子就是陪蜗牛散步"，真是说到我心坎儿里了。以前急于求成，错过了很多原本可以很温馨的时光。希望我们以后会在养育孩子上更有耐心，也祝福各位家长能"守得云开见月明"。

错误的陪写作业，
足以毁掉孩子一生

学员昵称：亮亮

年　　级：七年级

学习时长：90课时

未来理想：我想当一名医生，像钟南山爷爷一样，帮助那些生病的人打败病毒，战胜病魔。

想对老师说：我最喜欢的老师是"土豪老师"，现在我上初一了，但依然忘不了您对我的教诲。上初中我也会好好学习的，您今年收到我的教师节贺卡了没？

父母赠言：亲爱的孩子，你要感激教导你的人，珍惜陪伴你的人，这些人都曾在你成长的路上为你遮风挡雨。愿你未来所遇皆良人，所行皆坦途。

大家好，我是亮亮的妈妈。亮亮现在上初一，是个活泼开朗的男生。我是学理的，又从事计算机行业，可能受我的影响，儿子从小就对数学、科学比较感兴趣。

小学一二年级的时候，亮亮的老师就跟我说孩子的数学挺不错的。但是每次数学考试，亮亮还是会因为粗心、马虎丢掉一些不该丢的分。那时候，我觉得男孩子粗心没什么，只要题能读懂就行了，长大了就会越来越稳重。

但是到了四年级，孩子的分数越丢越多，第一学期期末考试竟然考了个 52 分！小学就考 52 分，初中岂不是要考 2 分？我意识到马虎这件事不能再拖了，于是亲自盯起孩子的作业。一开始是检查作业，发现错过的地方第二天还会错，反复提醒都没有用。我就坐在他旁边看着他写，写错我就打他的手。因此孩子越来越烦我，我们争吵的次数越来越多。以前我特别讨厌逻辑混乱、啰唆的人，渐渐地我发现我也变成了这种人，一看到儿子就开始念叨，连孩子爸爸都跟我说："你别再辅导孩子作业了，你现在特别像个'唠叨大妈'。"

后来我请教了新东方在线的很多老师，自己也查了很多教育方面的书，发现自己在辅导孩子写作业这件事情上还需要反思。那怎么做才是对的？以下几点是我从书上学到的，供各位家长参考：

1.不要打断孩子的学习，这样会破坏他的专注力。

2.孩子因马虎出错怎么办？不要当场指出，等孩子作业都写完了之后，带着孩子逐个检查，让他自己发现错误。

3.不要做孩子的备忘录、复读机，让他学会自己的事自己记、自己做。

4.习惯的养成需要有计划、有鼓励，而不是每天盯着孩子、惩罚孩子。

那么，真正对孩子有益的陪写作业是什么样的呢？

1. 有计划。

写作业绝不仅仅是完成任务，而是对一天所学知识的消化和吸收。所以我和亮亮一起约定，回家后先回想一遍课堂上讲了什么，然后再写作业；或者晚饭后和爸爸妈妈讲讲课堂上学到的知识，再去写作业。睡前留 20 分钟，预习第二天的学习内容。

2. 有方法。

我先跟孩子一起讨论出自查各科作业的方法。之后，如果我在检查作业时发现了错误，比如抄错数、漏题的时候，就会让他多写几遍。他有的时候也会抱怨："这题我又不是不会，干吗让我写那么多遍，多麻烦啊。"我就会耐心地解释："妈妈并不是想罚你抄题，而是想让你真正地记住。现在你不重视，以后可是要吃大亏的。"

3. 有反馈。

初期执行计划时，孩子不高兴，父母也很烦躁，这个时候一定要忍住。再焦虑也别打扰他写作业，再忙也腾出时间听他讲学到的知识，要真心肯定孩子。我和孩子爸爸还一起给孩子做个了锦旗，写着"亮亮同学，才思敏捷、心细如丝"。孩子收到的时候特别高兴。父母每一句表扬的话、每一个鼓励的行为就像是孩子人生旅途上的加油站。当他失去动力时，父母靠吼叫根本没用，要为他加油啊。

亮亮在五年级的时候，终于改掉了粗心的坏毛病。孩子如果在小学阶段养成了粗心的坏习惯，以后上了初中、高中就很难改了，到那时再因粗心吃很多亏，就真的后悔莫及。也希望天下跟我有同样困扰的家长，都能找到孩子喜欢又科学的方式陪伴孩子写作业。

孩子是"镜子"，
照出父母真实的样子

学员昵称： 晨晨

年　　级： 三年级

学习时长： 48 课时

未来理想： 我想成为一名老师，像我的韬韬老师一样，帮助其他小朋友，带他们去玩，将丰富的知识传递出去。

想对老师说： 韬韬老师，我好喜欢你呀。我们说好了，你在北京等着我，我一定会考上北京的大学的！

父母赠言： 宝贝，爸爸妈妈很庆幸你遇到了帮助你学业不断进步的好老师，也很庆幸你找到了合适的学习方式。愿你在求学的路上勇往直前，我们是你永远的后盾。

　　我的孩子叫晨晨，今年 10 岁。他成绩优异，现任年级中队长、班级学习委员等职务。或许在旁人眼中，现在的他"小有成绩"，称得上是个优秀的孩子，但在两年前，晨晨是个彻头彻尾的"透明人"。

　　小学二年级时，他成绩一般，从来不会考倒数，但也无缘靠前的名次。晨晨性格比较内向，有空的时候更愿意宅在家看电视。我和孩子爸爸都是文科出身，平时也不喜欢出门，觉得孩子这是随我们了，没什么不好的。

直到三年级时，他成绩越来越下滑，很少和我们分享与朋友之间的趣事，学校组织的出游活动也坚决不参与…… 我开始觉得不对劲。我问他遇到了什么困难，他也说不出个所以然来。我找到学校老师沟通，老师只说晨晨一直是个很沉默的孩子，也很少看见他跟谁一起玩耍。一番了解下来，我大概明白了他的情况：在班里没有存在感，老师、同学都不关注他。

我很焦虑，跟老师和孩子谈了又谈，只觉得使不上劲。"我的孩子是不是心理有什么疾病？"那时我的脑子里都是这种愚蠢可笑的想法，把自己吓得够呛。后来有一次全家一起出去吃饭，他走出饭店门的时候，看到后面不远处有人走来，就用手撑着门，帮别人留门。我看到了这一幕，这才对自己说："我的儿子，没问题！"

那要怎么帮孩子改变现状呢？我给他报了三个课外班——表演班、新东方在线的网课和新东方线下课程。我和孩子一起上表演班，儿子需要朋友，更需要释放天性，我要陪他战胜自己。同时报网课和线下课，是因为网课很有趣，老师一对一辅导更能见效；但孩子在学校学习终归是线下课堂，所以他需要适应线下课堂的模式。

儿子非常喜欢这三门课，尤其是线上的网课。时间一到，他就会神采奕奕地上起课来，而且会在评论区和老师互动。听到老师念他的名字，他就会非常高兴。我就纳闷："为什么在学校上课没有这股劲头？"

后来，我认真陪孩子上了一次网课，才明白孩子喜欢网课的原因。因为网课上老师总是那么温柔，说着"我看看班上最快的宝贝是谁？""XX 你太棒了，你怎么这么厉害啊！""我又看到 XX 拿满分了，宝贝真棒！""XX 你个小淘气，我看到你在评论区发的内容了，快认真听讲！"儿子从老师那里获得的，永远是满满的爱意、包容、认可。

反观自己，在家里我总是要求孩子活泼、开朗，做到受人瞩目，但我自己做到了吗？我从来没有在孩子面前演示过如何表达爱、如何赞美他人、如何与他人相处，孩子要怎么学会呢？

那晚我和爱人彻夜长谈，聊过去和孩子的相处方式，聊未来对孩子的期望。最后，着眼当下，我们约法三章，约定每天都要和孩子交流半个小时，每天出门前都要抱抱孩子，跟他说："爸爸妈妈爱你，你是我们的骄傲！"

一开始真的尴尬得不行，儿子总是边笑话我们边替我们解围。这种笨拙的改变和陪伴，让孩子在表演班渐渐交到了朋友，也让他的表演越来越自信。而老师们挂在嘴边的赞赏之词，他也渐渐学了去，开始对同学说"你真厉害""你好棒啊""别气馁，我觉得你已经做得很好了"。这样一个温柔、充满正能量的孩子，谁不喜欢呢？渐渐地，学校里也有和他一起放学回家的小伙伴了。

前两天我听了一场俞敏洪老师的讲座，他说："如果老师一直是被动的、消极的，他将把消极的东西传递给学生。如果老师是积极的、明智的，他将对学生的未来产生重大影响。"我特别感激孩子这一路走来遇到的老师，他们怀着热爱和责任心在做教育，不光教会孩子知识和技能，更教会孩子爱与温暖。希望晨晨能永远记得这些尽责的老师、这些温暖的人，长大以后也能把这种爱的能量传递给别人。

父母学会听，
孩子才愿意说

学 员 昵 称：孙菲

年　　　级：五年级

学 习 时 长：120 课时

未 来 理 想：我想成为一名主持人，像董卿阿姨一样，特别优雅地站在舞台上主持，为全国观众播送好节目。

想对老师说：张佳老师，您还记得我吗？我是您 2018 年秋季班的"小豆包"呀，谢谢您帮助我学习进步，当年的小豆包已经上五年级啦！

父 母 赠 言：孩子，也许你现在还不是很懂父母的付出，但是请你相信，无论遇到什么困难，我们永远是你坚强的后盾。

　　我的女儿孙菲今年已经五年级了。我家里有两个孩子，老大乖巧懂事，老二倔强不听话。菲菲就是我家老二。我找过专家咨询，为什么老二这么让人不省心？专家给的理由是："一般家里的老二都是人精，因为孩子是通过模仿来表达的。孩子从小和姐姐生活在一起，年纪又相仿，很容易模仿姐姐的为人处事作风。有些事发生在年纪大的孩子身上，你觉得正常，而小朋友学了去你就会觉得是人精、早熟或者不听话了。"

可问题是菲菲的倔强已经到了影响学习的程度了。菲菲的成绩一直处于班级中游，每次拿试卷回来，我说跟她一起分析分析，她就会说："不用你管！我知道我哪儿错了！我自己会改！"可下一次，她的成绩还是一塌糊涂，犯过的错误一犯再犯。我就担心她明明理解得不对，自己却不知道，而我们说了她也不听，最后耽误了她的学习。小学正是打基础的时候，哪儿能任由着孩子瞎学？我就有点着急。

有段时间，我经常和菲菲吵：

"你知道？你知道什么呀你知道！你告诉我错几次了！"

"我就错过一次！这道题班上好多人都错了！"

"你才几年级？就考这么点分，你上不上大学了？等你18岁，我就把你赶出去。你不是什么都懂吗？你自己过去吧！"

……

诸如此类的争吵时常在我们家爆发。孩子爸爸跟我说这样下去不是个办法，孩子在这种沟通中变得越来越胡搅蛮缠，甚至用更多的谎言去圆最初的谎言。我们这样简直是每天在陪孩子练习找借口、撒谎。

那时，我在新东方学习家庭教育，发现他们还有网课，就给菲菲报名了新东方在线的课程。第一次开课前，我和辅导老师沟通了一个多小时，希望他能多关注菲菲，菲菲落下的知识多，要麻烦老师多费心。

辅导老师张佳是真的好。无论什么时候向他请教，他都给辅导，不管时间有多晚。有一次，菲菲做不出来题，直着急。我就说："睡觉吧，不用做了，我也不会。"菲菲不干，自己在那儿琢磨。我就说要不就问问张佳老师吧。那时候已经夜里12点多了，张佳老师很快回复了我，给我们录了讲解视频。

我们家长时间多，十一二点以后睡觉也没问题。但辅导老师不同，他们白天上班，已经挺累的了，但晚上家长找他们，他们还都能第一时间回复，从来不说"已经下班了，第二天再回复"这样的话。我就觉得这点特别难得。

我们家菲菲脾气倔强，谁的话都不爱听，但就听张佳老师的。我说："你不是倔吗？为什么只听张佳老师的？"菲菲说："张佳老师对我好。"我笑了，说："妈妈难道是害你吗？说那么多不也是为你好吗？""你不一样，你只会批评我，说那么多大道理，张佳老师从来不给我讲道理，他就是陪着我，听我说话。"

听她那么认真地说"妈妈没有老师好"，说实话我挺伤心的。晚上我和张佳老师通了电话，老师笑着说："没有谁一定比谁更权威，天下不听老师话的孩子比比皆是。想要孩子听您说话，是有秘诀的。"下面就是张佳老师分享的秘诀：

1. 制定明确的规则。
张佳老师第一次上课，一定会立班规。规则，就是行为的界限。什么事情能做，什么事情不能做，必须说清楚。有了规则，等于在孩子的心里放进一杆秤，让孩子知道尺度在哪里。如果孩子的行为没有一个具体的参照标准，就不容易形成好的行为规范。有时候一句话反复说几百遍，也不如一个具体的规则来得有效。

2. 坚持原则，奖罚分明。

有了规矩，还得有原则地执行才能真正起到作用。在课堂上，张佳老师对于规则会严格执行，不会随意妥协，也不会随意更改规则。同理，父母在家庭教育过程中如果做到有原则，奖惩分明，看得到问题，也懂得欣赏孩子的优点，就能够在孩子心中树立起威信，孩子也就自然愿意听你的话。相反，家长如果没有底线，不能坚持原则，常常因孩子哭闹或撒娇就妥协（比如孩子刚写了两分钟作业就耍赖不想写，说累了，家长就马上拿出零食哄着；又比如看电视已经到了规定时间，孩子哭着说还要看，家长心一软，就再来一集），那么规则就失去了效力，家长说出的话在孩子心中也会失去分量，于是便会发现孩子越来越不听自己的话。

3. 做好榜样，言行一致。

老师总能为学生树立一个正面积极的榜样，因此能够赢得学生的尊重和信服。而在家庭中，家长如果言行不一致，不能够以身作则，则很难获得孩子的尊重。比如有些家长爱玩手机，一刷手机就是几个小时，却要求孩子不能玩手机；有些家长告诉孩子努力读书很重要，自己却沉迷麻将无法自拔……要求孩子的，自己却做不到，教育就会缺乏说服力。

4. 爱能让孩子更愿意听你的话。

有一部分家长只盯着孩子的缺点看，一味地批评、指责，而忽略了孩子的进步和优点，孩子缺少肯定与鼓励，被认同、被欣赏的心理需求得不到满足，就会失去信心。家长可以设置一些奖励机制，对孩子进行及时的肯定和适当的奖励。孩子受到奖励，会更有动力去做得更好。最重要的是，不要把问题丢给孩子，而是要多给孩子可以被感知到的爱和陪伴。

听了张佳老师的秘诀，我比照了一下，发现这四点我全都没做到，但我相信我可以改正。那时候，菲菲正好学钢琴，她又像以前上兴趣班一样，不好好弹，不用心，一到弹琴，屁股下面就跟有钉子一样，在琴凳上动来动去，就想着赶紧糊弄完去玩。钢琴课一次一小时，我就跟菲菲说，你要是不想弹，妈妈就陪你在这儿坐着，坐到下课再走。菲菲一开始不信，我就忍着性子真的陪她坐了三节课。菲菲看我铁了心，也害怕了，开始乖乖学琴。这以后，每当菲菲弹错了、学得慢，我也不再指责了，而是帮她叫老师过来，陪着她一起学。

自从我们开始定规矩，全家一起遵守之后，菲菲和我的冲突少了很多。教育孩子是一件非常难的事情，但又是一件非常简单的事情，只要我们愿意一起学习，乐于与孩子一起践行，一定会与孩子共同成长和进步，同时收获亲密、和谐的亲子关系。

上善若水，水利万物而不争。愿天下的父母都如水一般滋养自己，滋养孩子，滋养家庭……

家里学校两个样，
你是双面人吗？

学员昵称： 博文

年　　级： 五年级

学习时长： 96 课时

未来理想： 我要考军校，要成为和爸爸一样的军人，保卫祖国，保护家人。

想对老师说： 花花老师笑起来真好看，甜甜的酒窝，大大的眼睛，我好喜欢您。您一定要多喝水呀，要不天天上课，您的嗓子会哑掉的。

父母赠言： 亲爱的博文，愿你成长为一名表里如一的人。学习永无止境，你要对知识永远保持求知、求是的心态。我们还要感谢花花老师，好老师不只是传授知识，您对孩子的成长发挥了重要的引导作用。

　　我是博文的妈妈，跟大家分享的孩子的成长经历发生在他八岁以前。

　　在家里博文是"小霸王"，很小的一件事就能把他气得呼呼直喘气，一有不如意的事他就发脾气，并且大呼小叫。我觉得他已经把发脾气当作一种"爱好"。另外，他丝毫不懂礼让，买了好吃的东西都得归他。

有一次我买了一桶饮料，给妹妹喝了一杯（他比妹妹大五岁），他就缠着我，硬要我给他重买一桶，缠了至少两天。还有一次，家里来了客人，吃饭时我让他给客人倒杯饮料，他马上生气了，把饮料倒进客人的碗里。当时我真是恨不得找个地缝钻进去。

他还每天霸占着电视看动画片，只要他在，别人就甭想看其他节目。如果不依他，他就把遥控器藏起来，甚至有的时候他不看电视还不让别人看。而且，他性子特别急，只要是他想要的东西、他想做的事，一秒都不能等，如果不能如愿以偿，他就哭喊个没完没了。

但学校老师都说他是班里最听话的孩子。在学校里，他温和、懂礼貌，总是安安静静的。如果考试没考好，老师批评他，他从来不反驳："嗯！嗯！嗯！"头恨不得点到地里。但他一回到家里，就开始耍浑。

要说一点不知道原因，也不可能。孩子爸爸是军人，性子也很急，平时说话大呼小叫。爷爷奶奶特别宠博文，总说好吃的全是他的，好处都是他的，所有人要处处让着他。甚至，逢年过节全家人一起吃饭，爷爷奶奶要让博文坐"主座"，博文不坐好，全家人都不能动筷子。我是个性格很软的人，从没跟人吵过架，觉得不合适也不好意思和长辈顶嘴。渐渐地，我感觉自己在家里像个"透明人"，每个人都可以对我发脾气、大呼小叫。特别是我的孩子对我吼的时候，我特别心寒。

当时博文的主讲老师是花花，她经常私信我表扬博文，每次我心里都五味杂陈的。有一次忍不住了，我向花花老师吐起了苦水："孩子简直是个双面人。"花花老师当时非常惊讶，听我倾诉了整整两个小时。花花老师建议我："遇到孩子不听话的时候，不喊不叫不打不骂，但坚决不照孩子说的做。这样过一两年，孩子的毛病有可能改过来。当然，开始的时候不要全盘否决，要选择重大事情来改变他。孩子的这种缺点，千万不要以为长大了就会消失。"

这场谈话对花花老师来说可能挺沉重的，凌晨四点多，我又收到了她的微信：

"博文妈妈，您别急，我问了家庭教育的老师，也查了一些书，我把比较重要的信息发给您。孩子之所以能做到在不同环境之间自由切换'人格'，一是因为他敏感、聪明，能觉察不同环境对他的期望，也清楚知道不同环境可接受的底线，进而懂得拿捏尺度，表现出相应的合适态度和行为。他看出来这些行为是你们默许的，所以就更加肆意地表现"天性"，更少约束自己的行为。

"二是因为孩子在某个情境中学到的东西，不一定适用于另一个情境。当两个情境不相似时，孩子不会自发地将在某一个情境中学到的东西迁移到新的情境中，他们会维持两个情境的相对隔离，并在其中分别开展相应的学习。就比如在中国家庭中出生的孩子，移民到海外，他会在学校说英语、回家说中文。孩子可能会知道如何用英文沟通课堂知识，但并不知道如何用中文表达，因为他并没有掌握相应的中文词汇来表达自己的意思。

"我建议您和家人统一教育理念，绝不能继续惯着孩子。同时，要让孩子学会爱家人，特别是爸爸要带头爱妈妈，这样孩子才会尊重你。"

在我和博文爸爸、家中老人交涉的过程中，花花老师也在借助课堂给每一个学生传递理念，告诉大家要感恩父母。她甚至设计了一张家务卡片，带着孩子们一起做家务。令我印象最深的一次是，课前她跟我说，这节课要讲父子俩的故事，让我通知博文爸爸一定要来听课。课堂上，她在课文的结尾很认真地说道："今天来听讲的父亲一定要学会爱你的妻子，就算不善言辞，也可以多给妻子一些爱的拥抱，摸摸她的头，告诉她'一切有我在'。只有你带头爱你的妻子，你的家人、你的孩子才会尊重你的妻子，你的孩子才知道什么是真正的爱。"很感谢花花老师的用心，她在那段时间给了我很多力量。

同时，我和博文爸爸认真地谈了几次，中间也闹过不愉快。在我的坚持下，他带着我和博文回我的娘家住了一段时间。在娘家的日子里，我和父母约好，一定要改变博文的坏习惯。全家人一起漠视他的无理取闹，同时博文爸爸在我的"娘家优势"下，对我言听计从，并且一再提醒博文"要体贴妈妈"。博文明显收敛了很多，但过了一段时间就一个劲地问我："什么时候回家？"我想他是想回到爷爷奶奶身边继续"仗势欺人"，便狠心回道："不回了！住到暑假结束！"

博文在这个暑假里有了翻天覆地的变化，越来越有礼貌，并且会帮着我做家务了。但我担心博文见到爷爷奶奶会变回原形，就打发博文爸爸回去和父母沟通。但是二老坚持要宠着孩子，觉得孩子小时候不能缺爱。为了博文的未来考虑，博文爸爸联系了青岛的亲戚，在开学前送二老去海边"放松心情"。博文回家后看不到爷爷奶奶，失望之情溢于言表。

现在博文已经上五年级了，再也不是当年的浑小子了。在这期间，博文爸爸和花花老师的配合都起到了关键作用，也感谢自己终于熬过来了。学校老师与家长之间教育理念的不同是常事，但一定要沟通，教育上不求事事一致，但整体理念一定要一致，不要让孩子成为丧失自我的"双面人"。

不做"狼爸",
爸爸应该怎样管孩子?

学员昵称: 文静

年　　级: 高一

学习时长: 148 课时

未来理想: 我想成为一名作家,用笔书写故事,记录生活中的点滴。我的偶像是杨绛先生,她说:"你抬头自卑,低头自得,唯有平视,才能看见真实的自己。"希望我能够成长为一个可以平视自己的人。

想对老师说: 我要感谢的老师有很多,铭铭老师,旭旭老师,阿赵老师……我很幸运能够遇见你们,你们帮助我提分太多啦。你们不仅是我的老师,更是我的朋友,要记得我们的北京之约呀,我一定会去北京读大学的。

父母赠言: 特别感谢新东方在线的老师们,帮助文静顺利升入市一中,主讲老师和辅导老师的尽心尽责让我们很钦佩。我们上高中以后依然会选择在新东方在线继续学习,期望我家文静可以冲击北京的"双一流"高校。

　　我是文静的妈妈,非常感谢各位老师的帮助,文静今年中考超线 40 分,顺利升入了市一中。我和孩子爸爸都是普通人,如果要分享经验,我想可能要夸夸文静的爸爸吧。

文静初中上的是我们小区对口的初中，不是重点中学。班上有十几个孩子在初三前就辍学了。我发现这些辍学的学生，他们的家长都存在一些共同点，比如平时比较忙，没时间管孩子，或者对孩子管得太多，引起孩子的逆反。我也知道，好多家长都对孩子寄予了厚望，自己努力打拼，为孩子争取更好的学习条件，但这种无微不至的关心一般都限于物质层面。随着孩子逐渐长大，家长们发现和孩子沟通越来越吃力。

文静爸爸对孩子很有耐心，有自己的一套理念和方法，在这里分享给各位爸爸妈妈，希望能够给大家提供一些有价值的参考。

1. 和孩子平等对话。

文静爸爸在孩子很小的时候就告诉她："我们是好朋友，你可以叫我的名字，可以带上我一起玩。"所以文静从小就和爸爸一起骑自行车、攀岩、打牌，性格非常乐观、开朗。她一直是班上的人气王，有很多小伙伴。

初一那年她收到男同学的情书，我们一家三口在饭后一起读了那封信，我调侃着说这个男同学"没文化"，信里很多处都是用的拼音，爸爸则说这个男生还需要继续努力呀。我们谁也没有生气，孩子开开心心地听了我们的意见，答应我们不会早恋，后来这个男生也没消息了。

因为家里的氛围一直很开明，所以文静直到现在遇到任何事情都会第一时间和我们分享。我觉得父亲看待问题的角度和母亲完全不同，他们简单、直白、有魄力，同时又能展现男人的责任与担当。每次我们一家三口坐在一起讨论事情的时候，文静爸爸都能给我和文静提供很多不一样的思路。

2. 不为孩子改变生活。

文静小时候，总和爸爸抢电视看，爸爸从来不让着孩子。没办法，孩子只好和他一起看体育频道，看得多了，孩子也成了科比的粉丝。也许孩子根本看不出科比的球技好在哪里，但是他身上的那股气势，王者的霸气，却征服了孩子。

五年级的时候，孩子写了篇作文，里面写道：

"科比从不服输，他永远相信自己。再多的防守球员又如何？无论之前的命中率有多低，在决定球队命运的最后时刻，他依然敢从容出手！这是何等的自信！这份自信来源于他的实力，也来源于他对胜利和荣耀的渴望。他曾说过，'第二名只能说明你是头号输家'。没错，第一名只有一个，但为什么不会是我呢？或许是科比在我的性格里加入了一些好强的成分。我总觉得，做人是需要一些渴望的，我渴望胜利，渴望第一，渴望唯我独尊的荣耀。我从不甘心屈居人后，因为我相信自己会成功。只要我心有猛虎，就绝不放弃称王！"

我觉得这篇作文写得挺好的。孩子的这份骨气一定不是母亲念叨出来的，而是要靠日常的点滴渗透。

我和孩子爸爸几乎不为孩子刻意改变自己的生活，到点了我们就要看《新闻联播》，孩子只能和我们一起看。周末也是做我们喜欢的事情，比如读书、听音乐、逛街、运动。我和文静爸爸的想法就是，孩子是需要被我们带着走进社会的，如果一味地迁就孩子，你会发现孩子只知道看动画片、去游乐场，就算你花费了时间，但孩子并没有从他的小世界里走出来。我们需要让孩子去体验更多的生活方式。

3. 教育理念整齐划一。

以前看过一些育儿的书，一会儿说父母教育理念要一致，一会儿又说父母要搭配着教育孩子，要互补。这种书看得多了也就晕了，所以我和文静爸爸达成了共识：所有事都要保持一致。

文静小学毕业时吵着要跟班上的几个同学一起自由行，这么危险的事怎么可能同意。我第一时间就表态：绝对不行！文静立刻去找爸爸求情，她爸爸从来不会说"问你妈妈""听你妈妈的""我觉得孩子说的没错"这种话，一定是第一时间和我保持一致：不能去！

在我和孩子讲道理的时候，爸爸不会离开现场，有时文静顶撞我，爸爸会说："怎么和你妈妈说话呢！有没有礼貌！"所以文静很小的时候就知道：看法不一致，可以各抒己见，但不能辱骂、攻击他人。

当然，我们在育儿路上也会出现"穿帮"的情况，比如我不同意一件事，文静找到爸爸，爸爸在不知情的情况下同意了。这时候我们就会在晚饭后坐在一起，大家说出自己的看法，如果我松口了，爸爸就会跟文静说："谢谢妈妈。"从来不会表现出这是爸爸为孩子争取来的。虽然文静爸爸脾气更好，帮我做了很多事，但是从来不邀功，所以文静还是跟我更亲，每次爸爸都说"孩子跟妈妈亲是应该的"，满足了我的虚荣心。

　　我们不算育儿成功，文静现在还小，将来也未必会一直一帆风顺，但很感谢文静爸爸把孩子培养成乐观、正能量、坚毅的孩子。我为有这样的女儿感到自豪。

最好的父爱：
不缺席孩子的成长

学员昵称：廖子然

年　　级：六年级

学习时长：96 课时

未来理想：我想当一名宇航员，杨利伟是我的偶像。我要进入太空看一看宇宙的样子，我要在太空中遨游。

想对老师说：凡凡老师，我特别喜欢您的课堂！每次上课您都会跟我连麦，跟我互动，我的英语成绩进步了很多，我爸爸都夸我啦，谢谢凡凡老师哦。

父母赠言：孩子能遇到这么负责任的老师，我们做家长的特别欣慰。老师们在课堂之外已经与孩子成了朋友，现在孩子有什么事特别爱和老师沟通，除了父母，孩子找到可以指引他的人了。

　　大家好，我是廖子然的爸爸，是一名高中老师。因为高中生要全力备战高考，我也把自己大部分的时间和精力都放在了自己的学生身上。虽然我自认为是个尽心尽责的老师，却忽略了上小学的儿子。直到发现他成绩垫底，甚至开始厌学的时候，我才幡然醒悟，决心陪儿子走出困境。

回忆起儿子小学前三年，我犯了很大的错误。一到三年级，子然的学习与其说不用我操心，还不如说根本看不出来怎么样。一年级他延续了幼儿园走神、多动的习惯，混了一年，成绩平平，但还没有引起我和妻子的重视。二年级他的语文已经成了短板，坐不住、记不住、学不进去，当时我一心扑在工作上，妻子也不懂教育，导致子然又混了一年。三年级开始，子然的作文次次被打回来重写，我想着男孩子本身语言天赋就不如女孩，就买了些作文书给他，并且告诉孩子妈妈要多盯着他练。那时我的学生也升入高三，我每天 18 个小时全扑在学校，完全没管过子然。四年级情况变得恶劣，子然学习成绩不好，加上老师、家长和同学带给他心理上的压力，让他有些喘不过气来，最差的时候，成绩排到倒数前几。因为不听讲、学习成绩差或者调皮捣蛋，子然不断被老师请家长，甚至有一周被老师请了两次家长。四年级是子然最让我操心的一年。好在送走了毕业班，我终于有时间改正自己之前的错误了。

从那以后，我用在子然身上的时间开始增加。那时他的学习成绩不好，有厌学的迹象。所以，我做的第一件事就是要改掉他上课不注意听讲的毛病。和老师沟通之后，我觉得子然不听讲有两个主要原因：一是没有养成好的习惯；二是成绩不好导致上课跟不上、学习兴趣缺失，上课听不懂，就更加不愿意听讲，形成了恶性循环。

靠着我带毕业班的经验，我和子然一起规划了他的学习计划。制订计划前，我们先做了以下两个准备工作。

1. 分析目前的学习状况。

分析现在的学习情况如何，哪门课成绩好些、哪门课成绩较差等，这样才能有针对性地制订学习计划，较差的科目就多分配一些时间。在学习上，做到抓重点、抓难点。

2. 了解自己的学习习惯。

课堂如何听讲、怎么做笔记、课后如何复习，这些方法都是孩子小学阶段必须要学会并形成习惯的。除此之外，有的人喜欢在早晨背书，就可以在早晨安排一些注重记忆的科目，比如外语、语文等。有的人喜欢在下午解数学题，就可在下午安排一些注重计算的科目。根据自己的学习习惯制订计划，可以大大提高计划实施的有效度。

在制订计划的过程中，我们也坚守了三大原则：

1. 在时间规划上要留有余地。

不要太满、太紧，要留有机动时间，以应对随时出现的情况。特别是子然这种刚开始适应学习计划的孩子，必须要给他成就感。一开始，哪怕时间计划表上指定的任务很简单，子然还是完不成，我也只能急在心里，表面上还要心平气和地陪他慢慢适应。否则，孩子可能随时撂挑子不干了。

2. 计划不能订得太高。

制订计划时豪情满怀，执行起来却有难度，导致很多孩子半途而废。所以第一个月的计划，我只求子然"按时做事"，不要求完成的任务量。这也使得他第一个月全部达标，越来越有信心。

3. 计划不能太空泛。

例如，"晚上 7 点到 9 点半学习"这个计划就很空泛，执行时孩子很容易为自己找借口。在计划中，几点钟开始学习、学什么、中间是否该休息、休息多长时间，这些一定要明确规定好，执行起来才有力度。

孩子在实施计划的过程中容易出现烦躁情绪，尤其对于有厌学情绪的孩子来说，这样的情况是难以避免的。在孩子出现畏难退缩情绪时，一定要让他坚持住，往前看。家长要多鼓励孩子，在这个过程中千万别急，多给孩子信心和耐心。

补充一点，在讨论计划执行的时候，可以鼓励孩子直接表达执行计划的畏难感受，然后换位思考，自我说服。比如，孩子说出："我太难了，不会的作业太多了！"随后自我说服："不学习，你还能做什么呢？只有好好学习以后才能做自己喜欢的工作。"这样不断地自我说服，会让孩子产生学习的内驱力，而这正是厌学的孩子有效执行学习计划的关键。

每年教师节我都会收到很多学生的祝福，我一直觉得自己是个受人尊敬的老师，但并不是一个好父亲。在和子然一起学习的过程中，我发现他连很多二年级学的语法都不知道，语文学得一塌糊涂，最重要的是，我发现儿子从不觉得我"受人尊敬"。一次检查作业时，我脱口而出："你连这么简单的问题都错！还学什么学，去饭店当服务员吧！"子然顶嘴："你那么厉害，让你的学生给你当儿子去吧！"说完就跑进卧室跟妈妈哭诉，说我从来不管他，只知道骂他，不配当他的父亲，班上其他同学的父亲都比我好。唉，我真是失职。从那之后我就痛定思痛，下决心一定要做个好父亲。

现在子然已经六年级了，学习计划还算有成效。上学期子然刚刚参加了一所重点初中的升学测验，排名前 20。长达两年的努力，确实为他带来了喝彩与掌声，迎来了语文老师对他的表扬和鼓励。对我而言，这两年的陪练，换来的是儿子过生日的时候对我说的一句话："爸爸，你是个好爸爸，有你真好！"

对不起，
是我们的无所求害了你

学员昵称： 韵涵

年　　级： 四年级

学习时长： 64 课时

未来理想： 我长大想做一名画家，我很喜欢那些色彩，我可以为学校的墙面、井盖作画，还可以给同学们做手抄报。

想对老师说： Coco 老师，我是小 Angel，谢谢你带着我们每周在群内练习英语朗读，我现在感觉我这个英语课代表越来越优秀了。老师会让我们进行话剧表演，我每次都是主角，我好开心。

父母赠言： 多亏了新东方在线，让生活在四线小城市的我们享受到北京优质的教学资源。孩子越来越优秀了，我们开心得不得了。真的是花最少的钱，做最长远的"投资"。

　　每个孩子都有自己的特点和禀赋，我们不会盲目地期待或逼迫孩子取得大的成就。在养育孩子的过程中，我和孩子爸爸对"但求耕耘，莫问收获"这八个字体会最深。我们更看重的是韵涵养成良好的学习和生活习惯，同时我们会经常给韵涵鼓励和肯定，希望她成为乐观、自信的孩子。

　　韵涵从小学一年级起就在班里陆续担任数学课代表、英语课代表、班长、中队长等职务，同学们很喜欢她。她在考试中也会有成绩不尽如人意的时候，遇到这样的情况，我们都会鼓励她"尽自己能力去做，做到哪里是哪里"。但是从三年级开始，韵涵开始掉队了，数学成绩越来越差，我们想着孩子从小也不是脑子很灵活的人，可能数学就不是她的长项吧。但作为班干部，成绩不好导致韵涵心理压力很大，有一点自卑。于是我和她爸爸就想了个办法。

在所有学习方法中，我认为最高效的就是"费曼学习法"。这一方法的本质就是把自己学到的知识用最简单的语言讲给别人听，也就是在用语言检验你到底学会了没有。也许你自以为学会了，但其实只是一知半解，这个方法可以打破你的错觉。

费曼学习法在我家的践行，分为了以下三个阶段：

阶段一：聊天检验

每天睡前我会和韵涵聊半个小时天，检查语数外当天都学了什么，但是这个方法不见效。睡前大家有一搭没一搭地聊着，手边也没有参考资料，有时候韵涵蹦出几个单词，我也不知道她是不是全都掌握了。

阶段二：参考书检验

我们把检验时间调整到下班到家的这段时间。我会拿出从书店买的教师用书，对照上面的每个学习目标和重难点，先让韵涵主动回忆今天学了什么，对于她没提到的重难点，我会引导发问，以确保她能够流畅地回答出所有的问题。如果被问住了，就需要她重新翻书，睡前我会再检查一遍，确保她真正掌握了知识点。

这个方法很见效，韵涵有很多没掌握的知识点都靠这个方法揪出来了，配合着专项训练，孩子成绩提升非常快。我和爸爸也很庆幸，早发现、早"治疗"、早见效。

阶段三：课程检验

韵涵成绩提升之后，我和她爸爸觉得不能止步于眼前这点知识，不然万一升入四年级之后又掉队，对韵涵打击就太大了。所以我们准备先发制人。

当时我做保险工作，有一个两百多人的少儿险微信群，群里的孩子基本都上小学。我就让韵涵把每周学到的语数外知识做成课件，在群里分享，内容为语文讲故事、英语念课文、数学讲方法。一想到能帮妈妈工作，韵涵很兴奋地答应了。第一次讲课，韵涵足足准备了一周，课前 10 分钟还在和我排练，正式讲的时候有点结结巴巴。

后来我陪着孩子写发言稿、做幻灯片，帮她改进。第三次的时候，她获得了群里很多家长、孩子的肯定。作为学习会的会长，韵涵动员群里越来越多的孩子参与分享，目前群内已经 400 多人了，每周都有小讲师给大家分享知识。韵涵也因此变得更自信、更大方了，在学校里给同学讲起题来也头头是道，成绩稳定保持在班级前三名。

成长不是一蹴而就的事。希望韵涵能在成长的过程中享受过程，认清属于自己的目标，不急不躁，稳扎稳打，一步一个脚印地朝着目标迈进。即使最后未能达到自己的目标，也能离目标更近一些，总能有所成就和收获，长大了于社会也能有所贡献。

孩子，
没有平白无故的优秀

学员昵称：思齐

年　　级：六年级

学习时长：80 课时

未来理想：我长大想当一名动漫设计师。我特别喜欢看《哪吒》《大鱼海棠》《秦时明月》，憧憬未来一个个生动的人物能从我的手中创作出来。

想对老师说：亲爱的贞贞老师，我好喜欢您呀。您的课堂太有趣啦，特别喜欢您给我们讲解课文时进行人物扮演。我想您一定是老师中演技最好的那一个！

父母赠言：亲爱的思齐，你知道爸爸妈妈为什么给你取名叫思齐吗？我们希望你"见贤思齐"，希望你向优秀的人学习，希望你无论在何时何地都不要懈怠。我们还要感谢你的贞贞老师，她教学有方，亲和力十足。谢谢贞贞老师让我们的孩子爱上语文。

　　我的孩子思齐是个爱读书的孩子，作文次次拿第一名。他从小到大，有数不清的人问过我是怎么培养孩子的，为什么本性爱四处疯跑的孩子，能连续几个小时坐在书桌前静心读一本书，能写出来那么优美的文字。今天我就把孩子成长的经历分享给各位家长。

以前思齐也不爱看书，加上他的语文老师比较严厉，他对学习语文完全没有兴趣。寒暑假学校给的书单，我看了都头大，像《鲁滨孙漂流记》《基督山伯爵》这类书，成年人都不一定能坚持读完，更别说没什么自制力的孩子。

我觉得这样下去不行，小学是培养阅读兴趣的绝佳时期，能为初中打下良好的基础，所以我开始在课外寻找机会。补课是肯定要补的，但是很多家长有个误区——补课就必须能提高分数，不然补课干什么。我认为对于偏科的孩子来说，补课应该首先解决兴趣问题。

对于这个时代的孩子来说，没什么比网课更能激发兴趣了。一是主讲老师形象好气质佳，授课风格也很活泼、有趣。二是视频动画特效多、互动形式多，孩子就喜欢打怪、拿金币这些虚拟形式。跟孩子一起观看了好几位老师的网课之后，我们选定了刘贞老师。她有才华又风趣，孩子上她的课总是哈哈大笑。

借着贞贞老师的课，我就开始发力了。课上老师讲的有意思的内容，只要孩子喜欢，我都立刻买回来相关的书给他读。一开始他是跳着看，翻一遍就赶紧看结局。我也不生气，告诉自己万事开头难，孩子开始看书就是好兆头。同时，我鼓励儿子说："贞贞老师给的书单跟学校里的不一样，咱们去书店看看，万一有你喜欢的，你就读完写个读书心得发给贞贞老师好不好？""当然好啊！"贞贞老师每节课前都表扬学员，思齐语文学得不好，从来都只有眼馋的份儿。这个年纪的孩子哪个不争强好胜？当天，孩子就被我"骗"去书店买书了。

正式开始读的第一本书是《山海经》，这本书是我和孩子一起读的。他非常喜欢看这类神话故事，特别是那些奇珍异兽，读起来真是又害怕又过瘾。他还发现很多国外动漫的原型正是取自《山海经》，这让他非常自豪。从《山海经》开始，孩子接受了阅读，但只读插图很多的书。晚上睡觉前，他总会读一会儿，慢慢就养成了习惯。后来他逐渐迷上了阅读，每天睡前都要读至少20分钟、半个小时。有的时候读得入迷了，还会多读一会儿。

阅读需要由浅入深，培养阅读的兴趣有时比阅读本身更重要。渐渐地，孩子开始能认真读一些课堂上老师讲到的书籍了，比如《海底两万里》《神秘岛》等。这些书籍故事性很强，句子也比较简单，孩子很乐意读。读着读着，孩子觉得越来越有兴趣，内容的难度也在慢慢提高。

我认为，看书面要广，不能只看单一种类。孩子的精力和能力都是有限的，要想在较短的时间里去更多地了解这个世界，阅读是一个非常有效的渠道。像《巴黎圣母院》《红与黑》《飘》这类名著，孩子现在都读过了。上个暑假，他还读完了《史记》全册，一共是六本书。他现在是完全爱上了阅读，如果睡前不读会儿书，就觉得少了点什么。

　　很多人吼孩子、盯孩子、逼孩子，想让孩子变优秀，但我想说孩子的优秀都是练出来的。这个"练"要有循序渐进的方法，更要有父母的耐心。学习是一件很辛苦的事情，为什么有的孩子会对学习上瘾？因为学习给了他新鲜感、成就感，他还想获得更多。让孩子广泛阅读自己喜欢的书，就是获得新鲜感；带着孩子写出优秀的作文，就是获得成就感。新鲜感、成就感在孩子的成长路上缺一不可。

第七章　教育观念

CHAPTER SEVEN

向真教育靠近

学员昵称： 鲁宁

年　　级： 初一

学习时长： 120 课时

未来理想： 我想当一名作家，像莫言一样的作家，我现在每周都写几首小诗。我的文笔不一定是最好的，但一定是最真实的。

想对老师说： 亲爱的花花老师，谢谢您让我爱上文学，您的课实在太精彩了！天文地理、天南海北、从古至今，您讲的每一个故事都让我着迷。您讲完后，我每次都会去找资料拓展，在这个过程中，我的文学素养得到了很大的提升。

父母赠言： 好老师就像人生的指路明灯，带领孩子冲破迷茫。我很庆幸那次偶然的机会，让我接触到新东方在线的老师们。最初本着对俞老师的信任，我选择了你们，而现在老师们用专业和实力证明，我的选择是对的。谢谢老师们！

　　鲁宁与文学的缘分，要从和新东方在线的相遇讲起。第一次发现新东方在线公众号，是我在朋友圈看到其他家长转发的"老俞闲话"的文章，俞敏洪老师在文章中谈了对当下国情、教育的看法。俞老师的文字朴实、真诚，是真的在为老百姓发声。当时文章底部挂了个新东方在线的海报，我就报了名，完全是出于对俞敏洪老师的信任。

课程是花花老师上的，孩子喜欢得不行。下课后她对我说："听花花老师讲课是一种享受！"花花老师在上课时，用简洁易懂的语言给孩子们讲陌生的欧洲文学，用幽默的语言给孩子们讲遥远的北宋文人。鲁宁是这样形容老师的："花花老师讲解析的时候是个语文老师；讲时代背景的时候是个历史老师；教你记关于雨果的知识点时是唱着歌教的，她是一个音乐老师；教同学们记'王安石字介甫'的时候，让我们记住 Jeff 这个英文名字，她又是一个英语老师！"原来，学习也可以这么快乐，知识也可以那么有趣。

在鲁宁学习语文的过程中，我们注意到新东方在线的课程教给孩子的是文学素养和眼界格局。当面对昆明的高原明珠滇池时，孩子不只会说"好看、好漂亮"，而是"水光潋滟晴方好，山色空蒙雨亦奇"；当说到欧阳修晚号"六一居士"，为什么称"六一"，孩子能说清楚来由；学习但丁，老师就会同时拓展什么是欧洲的中世纪，什么是文艺复兴等相关知识；学习雨果，老师会进一步拓展，让孩子了解法国大革命的历史背景……

直到上了六年级，身边人都开始紧锣密鼓地备战小升初，我们也开始焦虑：语文、数学、英语都得补，成绩还行不代表很好，每一科都是有进步空间的，还可以考得更好。小升初看的是排名，你要比别人优秀才有名额。

于是鲁宁就成了升学备战大军中的一分子：每周六早上面授英语课，下午音乐小号课，晚上新东方在线语文课；周日上午升学内训班，下午面授语文课，晚上一对一数学课。每周四晚上还有英语语法专项课。相信家里孩子即将小升初的朋友们，对孩子的这种作息安排都不会感到陌生。

其实在这些课外班里，除了语文网课外，都是六年级才报的。身边很多朋友在孩子升学的这个关键时期会更多地选择线下班，或者一对一等课外辅导以求快速提分，我们也这么想。于是就找到鲁宁，问他要不要暂停网课，转为一对一辅导。

鲁宁很反对，特别严肃地跟我说："您既然知道累，为什么还要剥夺我唯一的快乐呢？我上课很开心，每周的课里只有这门课是我最盼望的，而且也能学到很多有用的知识，上次老师讲的阅读题我们模拟考还考了！要停的话，就把周日的线下语文班停了吧。"

我听了之后真的挺诧异的，没想到他这么喜欢新东方在线的语文课，宁愿不休息也要上课。后来有一天上课，我进屋送牛奶的时候看见他看着老师，那么专注的眼神，那种发自内心的笑，我突然就想明白了：上好的学校、找好的工作，最终都是希望孩子能有好的生活。而好的生活绝不仅仅依赖于硬件物质，更重要的是有一颗丰盈的内心。他在学习知识的过程中感到快乐，就会对知识有渴求。对知识的渴求又推着他一直往前走，这其实才是真正意义上的进步。

想明白这一点之后，我发现我和孩子都轻松了不少，我又变得"佛系"了，但不是以前那种不懂该怎么引导他学习，觉得成绩不错就行了的"佛系"；而是看问题更长远，从更本质的角度去思考他应该怎么成长，不再是带着自己的焦虑去步步紧逼他。

鲁宁曾问过这样一个问题："我读过很多书，但后来大部分都忘记了，那读书的意义是什么？"我认为有一个回答非常贴切："当我还是孩子时，我吃过很多食物，现在已经记不起吃过什么了，但可以肯定的是，它们中的一部分已经长成了我的骨头和肉。学习或读书对人的影响也是如此。"希望鲁宁可以一直维持着对知识的热爱，有一颗丰盈的内心。

理想的种子埋于心间

学 员 昵 称： 沐阳

年　　　级： 五年级

学 习 时 长： 80 课时

未 来 理 想： 我要上北大，我要和 Justin 老师成为校友，成为他的小学妹，我要和 Justin 老师一样在图书馆看好多好多的书。

想对老师说： Justin 老师，我是阳阳，那个和你约定北大见的阳阳。你说过我要是考上了北大，你会和我在未名湖合影，我一定会努力的，你可千万不要忘记我们的约定呀。

父 母 赠 言： 遇到一位好老师，是我们一生的幸运。他们给予我们的不仅仅是知识，还有成长的方向。感谢新东方在线的老师们为孩子的梦想架起桥梁，孩子以老师为榜样，拼搏进取，努力向上。将孩子交到这里，我们放心。

　　我是沐阳的妈妈，一名高中教师。我的女儿沐阳今年 11 岁，她不属于传统意义上的"学霸型"学生，但这并不妨碍她成为一名优秀的学生，一个积极阳光、对世界抱有好奇心的少女。

　　今年沐阳参加上海市数学竞赛，获得小学组一等奖。班上很多学生家长发来贺电，问这么优秀的孩子是怎么培养的。其实就在一年前，沐阳的成绩还总是不上不下，她对学习也提不起兴趣，让我特别焦虑。

两年前，沐阳上三年级。不差、还行、挺好的……是很多老师及同龄人给她的评价。说实话，我不在乎别人的眼光，只是确实从心底期望沐阳能更好地提升自己，做个有上进心和求知欲的孩子。所以，三年级的时候，我给沐阳报了一些补习班，一律报的名师班，希望名师能起到榜样的作用，带带孩子。

第一次看到Justin老师的履历时，北京大学学士、高考数学140+、最强大脑全国18强、北京市专业数独培训师认证、全国高中数学竞赛国家二等奖、全国中学物理竞赛国家二等奖、全国中学化学竞赛国家二等奖……我一度犹豫，这么强的老师带沐阳，会不会给孩子很大压力，孩子能不能跟上？但很快我就松了一口气，Justin是我见过的最会引导孩子思考的老师。课间休息的时候，他会在屏幕上画一个圆形，再往里加几笔，让孩子去猜画的是什么。数学老师跨界画画，给孩子们一种新鲜感，评论区可活跃了。同时，Justin让孩子们进行关于圆形的创意联想，启发他们的思维。孩子们被这种形式所吸引，积极去思考、抢着回答问题……就是这件事，让沐阳觉得趣味十足，进而愿意继续学习下去。这也让我意识到学习的趣味性对孩子有多重要。

孩子喜欢老师的课喜欢到什么程度呢？我曾经看到过她在上课的时候，把老师讲得特别精彩的片段截图保存，甚至标记上出现在课程的几分几秒，等课后复习时重新回味。

Justin 也确实实现了我的心愿：成为孩子成长道路上的引路人。去年沐阳和我说想在假期去北大校园参观。惊喜之余，我疑惑为何孩子会突然冒出这样的想法，她回答："Justin 老师就是北大毕业的，他在课堂上经常给我们展示北大的未名湖、博雅塔、北大宿舍，还有他在北大图书馆学习的日日夜夜。我就想去看看北大是不是像他说的那样，学校里每个人都像 Justin 一样厉害吗？或许以后我也会考北大呢！"

带着沐阳走进北大校园的时候，我又想起了 Justin 在课堂上画画的样子。认真、敬业、有耐心，这是我们认可老师的原因；有趣、充满魅力和亲和力，这是孩子喜欢老师的原因。但老师带给孩子的远不止于此。他到底带给了我的孩子什么呢？

当我侧过身，看见盯着未名湖安静思考的沐阳时，那一瞬间我豁然开朗——榜样的力量！

她遇见他，看到他的优秀，看到他的努力，于是她也开始产生这样的向往：我以后也要成为这么厉害的人呀！于是，理想的种子埋于心间，慢慢萌芽，慢慢长大。

我想，这就是我们都在追求的教育的意义吧。

书本之外，
别有天地

学员昵称：朝阳

年　　级：五年级

学习时长：92 课时

未来理想：我想和爸爸一样，成为一名数据工程师，用数据说话，不仅可以预测人们的行为，而且在医学领域还可以预测疾病的发展趋势，为医生提供帮助。

想对老师说：杨旦老师，我今年的期末考试又考了第一名，您说好要给我寄明信片的，可不要忘记哦。谢谢您陪我度过的每堂课，课程实在太有趣啦，愿杨老师开心每一天！

父母赠言：孩子，你越来越大了，每一天都在飞快地长大，我和爸爸希望你健康、快乐地成长，相信你在漫漫学习路上，一定会展翅翱翔。

　　我是北京的家长，孩子叫朝阳，今年 11 岁，新东方在线的语文课、数学课、英语课都上过，可以说是忠实粉丝了。现在孩子基本上每次考试都是年级第一，数学和英语一直保持满分，语文因为有作文，会扣点分，但也都在 95 分以上。

我现在并不担心孩子的成绩，因为他找到了学习的乐趣，越学越有劲。有些家长就问我，孩子想考好，一定要在课后花很多时间学习，你还给他报这么多网课，时间够用吗？其实恰恰相反，他除了学习之外，还有不少多余的时间。他每次上课前都会把当天的内容先预习一下，把会做的题目先做了，这样上课的时候就可以跟着老师的思路快速地思考。知识点掌握透了，作业自然写得特别快。

空闲的时候他也会看看电视，他比较喜欢看"跑男"，或者是在手机上刷刷腾讯新闻。我认为劳逸结合是很好的，他自己也会把握时间。除此之外，他还经常参加一些演讲比赛或者是科技展。我们还曾被新东方邀请参加了俞敏洪老师的见面会。儿子特别兴奋，还和俞老师一起合了影。

有家长让我分享孩子的时间安排，我就简单写一下：

工作日	
时间	项目
6:45	起床
6:45—7:15	边洗漱、吃饭，边听英语课文朗读
7:20—17:00	上学
17:30—18:00	回到家写作业
18:00—18:30	吃晚饭
18:30—19:00	和父母聊聊今天学了什么，帮忙做家务
19:00—19:30	看《新闻联播》
19:30—20:30	写作业 + 预习
20:30—21:30	课外阅读或做一些专项训练的练习册
21:30	睡觉

周末	
时间	项目
8:00	起床
8:00—8:30	边洗漱、吃饭，边听英语课文朗读
8:30—11:30	写作业
11:30—12:00	吃饭
12:00—12:30	帮忙做家务
12:30—14:00	午睡
14:00—17:00	外出活动
17:00—18:00	洗澡、吃饭
18:00—20:30	听网课并完成作业
20:30—21:30	课外阅读或做一些专项训练的练习册
21:30	睡觉

可能你会因为作息表里的"做家务""看《新闻联播》"而感到吃惊，或是因为孩子每天20:30前就写完作业并完成了预习而感叹"北京的学校留的作业太少了"。我只想说，义务教育阶段，课业压力根本压不倒孩子，压倒孩子的是父母无法以身作则、无法传授他学习方法、没有给他足够的爱和陪伴。我家孩子从小就要帮忙做家务、看《新闻联播》，因为我相信书本之外，别有天地。孩子要在不断地接触社会各种信息的过程中，形成自己的独立人格，拥有自己的价值观。

我和孩子爸爸再忙，每天也会认真和他聊30分钟。我们夫妻对待工作都非常严谨认真，对待家人朋友时则热情开朗。朝阳虽然看起来是那种特别开朗活泼的男孩子，给人感觉大大咧咧，实际上心思非常细腻，很会关心人。比如有时我下班回到家特别累，脸色不太好，他就会问："妈妈，你怎么了呀？"或者我给他讲题的时候，他会主动给我倒杯水，把凳子搬过来让我坐。父母的每一个举动和行为都会潜移默化地影响着孩子，这些都是书本上学不到的。

虽然我是个严格的妈妈，但是做什么事都会和他沟通。和他交流的时候，我不会把自己当作一个家长，反而像是一个朋友，我会认真地听他的意见。虽然他还未成年，但随着孩子慢慢长大，他也渐渐会有自己的想法，尊重是相互的，不能光想着让孩子体谅父母，我们也要多多尊重孩子。

在我们督促着让孩子变得更优秀时，也要反思我们是否成了更好的自己。好的成绩是水到渠成的事，只要用正确的方式教育孩子，孩子的成绩不会差。

附 录
写给未来的你：
新东方在线给学员的一封信

亲爱的各位小伙伴：

现在你已经读完这本书，看完这么多同龄人的故事，相信你一定感慨良多。每个人的学习之路、成长之路都不是一帆风顺的，只要找到合适的方法，就能够像这些真实故事中的主人公一样绝处逢生，收获令人艳羡的未来。

受家庭环境、父母受教育水平、成长条件、个人学习方法等多种因素的影响，每个人的学习起点和学习高度都是不同的；但科技的发展，为我们提供了收获知识的各种窗口，如何找到能切实帮助自己成长、成才的正确渠道，是很多学生和家长的困惑。新东方在线成立 15 年来，不断求新求实，已为数百万的学子加油助跑，致力于培养有智、有趣、有爱的新时代青少年。

不管教科书上有什么内容，不管科技如何发展，如果有一位老师能够时时激发你的学习热情，拓宽你的眼界，鼓励你向着未来奔跑，你的成长必然会变得更加顺利，成才之路必然会走得更加高远！作为全国数一数二的教育平台，新东方在线推出"新东方，老师好"的品牌，我们保证，新东方在线的每位老师都能成为好老师，也希望每一个学生都能在新东方在线碰上真正的好老师。

在线教育的优势就在于为不同环境的青少年提供同样高水平的教学资源，而新东方在线深耕教育 15 年，打造线上和线下相结合的双师课堂模式：最优秀的主讲老师通过直播的形式生动演绎课本知识，让孩子"学"得开心；最耐心的辅导老师课前课后辅导，跟盯孩子的知识掌握程度，让孩子"习"得透彻。两位老师各司其职，分别做好课上教学和课后辅导，达成"课堂学习—课后巩固—答疑解惑—真正掌握"的高效学习流程，将"名师授课"与"实时辅导"完美结合。

相较于从前的"车马慢、纸墨香"，00 后、05 后的时间节奏更快，接触的世界更多元，你们每天要完成老师布置的作业，还要参加爸妈给安排的兴趣班和辅导班，是不是感觉有些力不从心呢？新东方在线有名师手把手教你学习方法，帮助你提高学习效率，让你一天的 24 小时更丰盈，同样的学习任务，让你完成得更轻松、更愉快。

"一千个人眼里有一千个哈姆雷特"，这说明每个人的思维和个性都有自己的独特性；同一个老师带领的同一个班级，学生的成绩也会有优差之别，这也说明每位学生的知识接纳程度是不同的。新东方在线注重与每一位学生、家长的交流，为学生输送知识的同时，更注重他们情绪的健康、个性的健全和人格的完整。希望每位学子在新东方在线都能遇到更好的自己、更完善的自己。

2020 年是不平凡的一年，转瞬间，2021 年的时间马车已经启程。愿即将迎来寒假的你能够珍惜时光，弥补自己的短板。新东方在线也将推出一系列精品寒春课，有学科重难点突破、学习方法分享，还有家长教育课堂，帮助中国数百万家庭走出家庭教育的困境，收获成长。新东方在线还会持续推出教育出版物，汇集新东方在线优秀主讲和辅导老师的教育方法，学生、家长的亲身经历，为你答疑解惑。

"冬尽今宵促，年开明日长"，愿你在人生的马拉松中跑在同龄人前列，呼吸最自由的空气，佩戴最炫目的勋章。

新东方，老师好。

27 年教育沉淀，百万学子遍布全球，千万家庭不变的选择。

时代在变，好老师永远在线。

在线学习，当然新东方在线。